Herderbücherei

Band 1347

Über das Buch

Das Neue Testament erzählt, wie Jesus Menschen von Angst und Leid befreit hat. Diese Gestalten stehen für uns, ihre Geschichte lädt dazu ein, an ihrer Stelle Jesus zu begegnen. In dem Blinden von Bethsaida beispielsweise spiegelt sich unsere krankmachende Furcht vor unbequemen Wahrheiten. Die Meditation dieses Berichtes will uns die inneren Augen öffnen, so daß wir zu uns und zur Welt wieder in eine gesunde Beziehung kommen. Bibel lesen als heilende Erfahrung – das vorliegende Taschenbuch ermutigt behutsam, für sich selbst und für das Gespräch mit anderen die psychotherapeutische Hilfe zu entdecken, die in den Texten des Neuen Testaments angeboten wird.

Über den Autor

Helmut Jaschke, Dr. theol., Jahrgang 1942, verheiratet, drei Kinder. Studium der katholischen Theologie, Geschichte und Politik in Freiburg und Rom. Lehrer am Gymnasium 1969–1978, danach Dozent und seit 1980 Professor für Katholische Theologie/Religionspädagogik an der Pädagogischen Hochschule in Karlsruhe. Arbeitet nach tiefenpsychologischer Ausbildung in Stuttgart, Heidelberg und Karlsruhe als Psychotherapeut auf christlicher Grundlage.

Helmut Jaschke

Psychotherapie aus dem Neuen Testament

Heilende Begegnungen mit Jesus

Herderbücherei

Originalausgabe
erstmals veröffentlicht als Herder-Taschenbuch

Buchumschlag: Werner Bleyer

Inhalt

Vorwort

Dieses Buch beschreibt Einsichten, die mir während der letzten Jahre im Laufe meines eigenen psychotherapeutischen Weges und dem von Menschen, die sich mir anvertrauten, erwuchsen. Von vielem Schmerzlichen, Dunklem, ja Unbegreiflichem wird dabei gesprochen, das immer wieder die Versuchung aufkommen läßt, zu resignieren. Nur die Erfahrung, daß es dennoch unerwartetes Licht gibt, Ahnungen von Befreiung und reicherem Leben, und daß diese sich verbinden mit Gott und seinem JA zu mir durch Jesus Christus – vermittelt durch Menschen –, rechtfertigt das Geschriebene. Es bleibt bedroht und in Frage gestellt durch so viele unbegreifliche seelische Not und scheinbar unentrinnbares Leid.

Aber noch von einer anderen Seite her können die folgenden Überlegungen Unmut und Ablehnung erfahren, nämlich von den Theologen, besonders den Bibelwissenschaftlern.

Aus ihrer Sicht wird möglicherweise den Texten des Neuen Testaments Gewalt angetan, wenn sie so gelesen und verstanden werden, wie es hier geschieht. Darauf einzugehen erübrigt sich aber, weil Eugen Drewermann dazu das Wesentliche gesagt hat, dessen Auslegungen ich zwar erst nach Abschluß dieses Manuskripts las, dem ich mich aber desto mehr dankbar verpflichtet weiß.

Nur eines möchte ich dazu sagen, weil es mich schon seit Kindheit an beschäftigt hat: In jedem Gottesdienst sprechen wir Katholiken vor dem Kommunionempfang: „Herr, ich bin nicht würdig, daß Du eingehst unter mein Dach; aber sprich nur ein Wort und so wird meine Seele gesund."

Ich habe wie viele andere diesen Satz und seine Bitte hundertemal gesprochen und blieb doch immer am ersten Teil hängen, wenn ich ihn überhaupt bewußt sprach. Daß Jesus meine Seele gesund machen könnte, vermochte ich nie nachzuvollziehen. Konnte ich denn als treuer Katholik eine kranke Seele haben? Als Schulkind hörte ich, daß dieser Satz aus der Geschichte von der Heilung des Knechtes des Hauptmanns von Kapharnaum stammte (Mt 8, 8; Lk 7, 6), nur daß „Knecht" durch „Seele" ersetzt wurde. Im Theologiestudium lernte ich, wie die historisch-kritische Exegese eine Wundergeschichte zerlegte. Heute staune ich über die Weisheit der kirchlichen Liturgie, die schon immer wußte, daß der kranke Knecht des Hauptmanns ein Bild meines eigenen Zustandes ist, den nur Jesus heilen kann.

Mir wurde das allerdings erst durch den Prozeß der Psychotherapie bewußt. Und das ist denn auch der Grund, warum ich die Theologie so eng auf sie angewiesen sehe. Die Tiefenpsychologie ist gleichsam das Instrument, das mir hilft, mich überhaupt im Knecht des Hauptmanns und den vielen anderen Gestalten wiederzuerkennen, die Jesus um Hilfe bitten. Nur was erkannt und benannt ist, kann auch geheilt werden. Diese Einsicht, die mir mein Lehrer Hans Böhringer vermittelte, teilt nach meiner Überzeugung auch das Neue Testament. Wenn ich wage, mich in den Mühseligen und Beladenen wiederzufinden, die nach Jesus schrieen, nehme ich ernst, was die Kirche mir mit den Worten des Hauptmanns schon lange sagen wollte.

Dementsprechend wird der Leser eingeladen, in einem ersten Teil (A) einen meist „bekannten" Schrifttext zu meditieren, wozu Denkanstöße verschiedenster Art angeboten werden, jedoch immer mit dem Ziel, mich selbst darin wiederzuentdecken. Danach werden in einem zweiten mehr systematischen Abschnitt (B) wichtige tiefenpsychologische Zusammenhänge aufgezeigt, die vielleicht helfen können, mich und andere besser zu verstehen.

Jedes Kapitel greift dabei ein zentrales Thema des psychotherapeutischen Prozesses auf, entwickelt knapp seine Problematik um sie daran anschließend im Gespräch mit vier Texten aus den Evangelien zu entfalten.

Diese Buch wäre nicht entstanden ohne die Menschen, die ich auf ihrer Suche nach sich selbst – und das heißt: nach Gott – begleiten durfte und darf und die ich beim Schreiben dauernd vor mir hatte. Ihnen, die dem Leser Einblick in ihr Lebensschicksal erlauben, sei deshalb dieses Taschenbuch auch dankbar zugeeignet.

Was fehlt mir denn?

Der reiche Mensch (Mk 10, 17–22)

A. *Und als er sich auf den Weg machte, lief jemand auf ihn zu, fiel vor ihm auf die Knie und fragte ihn: „Guter Lehrer, was soll ich tun, um am ewigen Leben Anteil zu gewinnen?"*

Mit einer Geste äußerster Ehrerbietung sucht da jemand Rat bei dem Wunderlehrer Jesus. Seine Frage zielt zweifellos aufs Ganze; denn es geht um das *Leben*, um das größere, reichere, „ewige" Leben.

Doch zunächst gilt unsere Aufmerksamkeit dem, der da kommt, genauer: auf ihn zuläuft. Wer ist er?

Daß uns spontan der „reiche Jüngling" einfällt, geht auf Matthäus zurück, der den „einen" im Fortgang des Gesprächs so nennt (Mt 19, 20). Aber unser ursprünglicher Text sagt nichts davon und Lukas läßt einen „Ratsherrn" die Lebensfrage stellen. (Lk 18, 18) Die genannten Evangelisten hatten wohl ihre Gründe, dem anonymen „Jemand" die Gestalten des „Jünglings" und des „Ratsherrn" zu geben. Wichtiger ist, daß es eben jedermann sein kann, jeder Mann und jede Frau, du und ich. Wann diese Frage in einem Menschen aufbricht, ist nicht berechenbar, sie kennzeichnet nicht Jugend oder Alter. Aber *daß* sie aufbricht, zeigt, daß da etwas frag-würdig geworden ist im Leben oder vielmehr in dem, was wir bisher dafür gehalten haben.

Die Fragestellung als solche freilich mag uns heute fremd erscheinen, weil uns das, worauf die Frage aus ist, das „ewige Leben", nicht mehr ohne weiteres einleuchtet. In einer Zeit, in der ein Leben nach dem Tode entweder ganz verneint wird oder zumindest verschiedenste Vorstellungen über das „Wie" eines solchen Weiter-lebens diskutiert werden, trifft die so formulierte

Frage nicht mehr selbstverständlich das, was heute jemand als das für ihn Wichtigste empfindet. Einzig das Stichwort „Leben" hat nichts von seiner Faszinationskraft eingebüßt, ohne daß dabei an eine unendliche Fortdauer – in welcher Weise auch immer – gedacht werden müßte.

Wie auch immer, es geht in dieser Frage, die da „jemand" stellt, um einen Durchbruch zum Leben, zu einem Leben, das mehr ist als das, was bisher „gelebt" wurde. Da ist eine Ahnung, daß so wie es ist, noch nicht „alles" ist, was mir als Mensch möglich und erreichbar ist. Die Frage wird also aus einem Ungenügen geboren, das ich in dem, was ich tue, immer wieder erfahre. Vielleicht kann sie unserem Zeitgefühl entsprechend so formuliert werden: „Was soll ich tun, damit mein Leben einen Sinn hat?"

Bemerkenswert bleibt, daß nach dem Tun gefragt wird und nicht nach klugen Gedanken darüber. Menschliche Existenz verwirklicht sich im Handeln.

Aber: Wen sollte ich um Rat fragen, wenn ich spüre, daß in meinem Leben, so wie es „abläuft", etwas nicht stimmt? Der Jemand des Textes hatte offenbar von Jesus als einer „Kapazität" auf dem Gebiet der Lebensberatung gehört. Dennoch: Mich an einen anderen wenden, und damit meine Rat-losigkeit und Hilflosigkeit zuzugeben, das ist nicht leicht, besonders dann, wenn es um etwas Wesentliches geht, oder?

Jesus sprach zu ihm: Was nennst du mich gut? Nur einer ist gut – Gott allein. Die Gebote kennst du …

Eine irritierende Antwort.

Zunächst weist Jesus die Bezeichnung „gut" ab, um sie ganz Gott vorzubehalten. Sodann verweist er auf die bekannten Gebote.

Was geschieht hier?: Jesus lehnt das Ansinnen, einen Rat zu geben, ab, indem er erst einmal die ihm entgegengebrachte Ehre auf Gott überträgt, um danach an das zu erinnern, was jemand sowieso schon weiß.

An sich selbst zeigt Jesus, daß keinem Menschen – und sei er noch so „berühmt" – die Attribute Gottes zustehen. Ein Mensch bleibt ein Mensch. Als Ratsuchende haben wir die Tendenz, das zu vergessen!

Gewichtiger ist aber, daß Jesus beim Fragenden an das erinnert, was er schon kennt. Das sind für den Juden und für den Christen die „Zehn Gebote". Ist in ihnen die Antwort auf meine Frage: „Was soll ich tun?" nicht schon längst beantwortet?

Was soll dann also diese Frage? Will ich mich nur wichtig nehmen, auf „Höheres" spekulieren, während das, was ich tun soll, was sinnvoll ist, vor mir liegt?

Möchte ich mich brüsten, zu Füßen des Meisters gesessen zu haben, während ich das Nächstliegende vergesse?

Er antwortete: Meister (Lehrer), das alles habe ich von Jugend an befolgt.

Und dennoch spüre ich, daß das nicht das volle Leben ist ... Da ist noch etwas, was mich bei aller Folgsamkeit gegenüber den Geboten hindert, frei und gelassen zu sein. Da ist immer noch die Angst, daß dieses mein Leben zu oberflächlich ist; da bleibt die Ahnung, daß ich noch mehr daraus machen könnte, daß Möglichkeiten und Fähigkeiten ungenutzt bleiben ...

Ich spüre, daß du, Jesus, mir helfen kannst, sie zu entdecken und zu wecken. Irgendwie bin ich – trotz meines Wissens – in die Sackgasse geraten.

Da schaute Jesus ihn an, gewann ihn lieb und sprach: „Eines fehlt dir. Geh, verkaufe alles, was du hast, und gib es den Armen, und du wirst einen Schatz im Himmel haben – und komm und folge mir nach."

Jetzt erst geht Jesus auf die Suchbewegung ein. Aber wie! Nicht mit einer Mahnung, die Gebotsbefolgung noch ernster zu nehmen, sondern mit – einem *Blick*. Dieser Blick ist der Schlüssel, der alleine paßt. Ich werde, wenn ich ernsthaft von Jesus Hilfe in meiner Ratlosigkeit erwarte, von ihm in eine liebende Beziehung hineingenommen. Alles was noch kommt, was noch gesagt wird, erhält aus ihr seine Bedeutung. Daß ich jetzt nicht mehr irgend jemand bin, sondern der, den Jesus anschaut und liebgewinnt, das ist das Entscheidende.

Hier allein, wenn überhaupt, liegt die Chance, auf meine

Frage eine Antwort zu erhalten, *Leben* neu und intensiver zu erfahren.

Jetzt kann und muß es auch gesagt werden: „Jawohl, es fehlt dir etwas! Es fehlt dir etwas, weil du – welches Paradox! – zu viel hast (vgl. Mk 10, 22). Trotz der lückenlosen Gebotserfüllung ist dein *Herz*, deine Personmitte, nicht auf „Ewiges", auf den „Schatz im Himmel", ausgerichtet, sondern auf das Haben und Besitzen von „Gütern".

Wenn du darauf eingehen willst, diese Kehrtwendung deines Denkens, Fühlens und Handelns vollziehen willst, dann liegt ein *Weg* vor dir. Den biete ich dir an. Seinen Anfang nimmt er in der von mir dir geschenkten Beziehung."

Welche Antwort, welche unerwartete Zumutung für mich, der ich doch nur einen Rat wollte!?

Bei diesem Wort überschatteten sich dessen Züge, und er ging traurig weg, denn er hatte viele Güter.

Gleich doppelt sucht der Text die Traurigkeit auszudrücken, die den Menschen heimsucht, der auf das Heilsangebot Jesu nicht eingehen kann: „Ob dieses Wortes traurig geworden ging er traurig (betrübt) hinweg", heißt es wörtlich (Vers 22). In dem ersten Wort schwingt mehr das Moment des Finster-mürrischen mit, im zweiten der Schmerz.

Wie ist das möglich, Jesu Angebot auszuschlagen?

„Er hatte viele Besitztümer …", viele „Erwerbungen" könnte man auch übersetzen. Das ist alles, was als Begründung gesagt wird.

Zögere ich, mich im „Jemand" bei diesem Schritt wiederzuerkennen? Gehöre ich zu denen, die so etwas nicht verstehen können, weil *ich* Jesus nachfolge? Wirklich? Ist es tatsächlich *Jesus*, der meinen Weg bestimmt und nicht – eine Eigenerwerbung, nur, daß ich mir dessen nicht bewußt bin? Aber diese seltsame Traurigkeit, die einmal mehr das Gesicht des Verdrießlichen, ein anderes Mal das des Bekümmerten trägt, die kenne ich doch auch – oder?

B. Was muß geschehen, damit jemand Rat und Hilfe bei einem Psychotherapeuten sucht? Sehen wir von den Fällen ab, daß jemand zu einem solchen überwiesen wird – aus welchen Gründen auch immer –, dann ist es sicher ein seelischer Zustand, der meist als „Leidensdruck" beschrieben wird. Das heißt aber, daß so ohne weiteres niemand einen anderen für die Frage zu Rate ziehen würde, wie es in seinem Leben weitergehen soll. Erst müssen in der Regel viele Versuche des Betreffenden fehlgeschlagen sein, selbst Abhilfe zu schaffen. Dem Ansinnen, einen anderen in meine verzweifelte Situation einzuweihen, stellen sich Widerstände über Widerstände in den Weg. „Das habe ich doch nicht nötig, damit werde ich schon – eines Tages – noch alleine fertig!"

Es ist leicht, sich Rat in einer Sache zu holen, die mehr ein „technisches" Problem betrifft. Aber wo es um mich selbst geht, da bedeutet es eine Demütigung, einen anderen um Hilfe zu bitten. (Im Text Mk 10, 17 ff ist sie als Kniefall ausgedrückt.)

Bevor ich das tue, muß ich zum Helfer (das heißt eigentlich „Therapeut"!) ein vor-läufiges Vertrauen gefaßt haben. Ich muß ihm ja zu-trauen, mir helfen zu können. Woher ich dieses Vertrauen beziehe, worauf ich es gründe, ist eine Frage, die ich mir – wenn überhaupt – meistens erst später stelle. Sehr oft allerdings baue ich dabei auf das „An-sehen", das einer hat, weil ich ja selbst noch nicht mit ihm zu tun hatte. Ich lasse mir also von anderen sagen, daß es sich lohnen könnte, bei diesem Hilfe zu suchen.

Warum jemand als „Kapazität" gilt, dafür hatte und hat wohl jede Zeit ihre spezifischen Kriterien. Die Autorität Jesu war zweifellos von anderer Art als sie ein Mediziner oder Psychotherapeut hat. Besteht hier nicht ein fundamentaler Unterschied, ob ich bei einem Therapeuten oder bei Jesus Hilfe suche?

Ja und nein. Auf der einen Seite steht außer Zweifel, daß Jesus jeden anderen Helfer unvergleichlich überragt, weil er als einziger *sich selbst* restlos als Hilfe schenkt und nur Er den Menschen in der Tiefe heilt (vgl. Eugen Biser, Der Helfer). Andererseits bleibt zu bedenken, daß gerade auch das Vertrauen zu Jesus und damit seine helfende Gegenwart *ver-mittelt* wird. Denn zunächst nähere auch ich mich Jesus, weil ich von ihm gehört habe. Das, was ich von ihm erfahre, kann ein vorläufiges Vertrauen erwekken. Sodann ist seine heilende Gegenwart an leib-haftige Begegnungsweisen gebunden. Jesus war „wahrer Mensch" und Begegnungen der Menschen mit ihm sind therapeutischen Beziehungen (Therapeut–Klient) durchaus vergleichbar (vgl. dazu: Hanna Wolff, Jesus als Psychotherapeut). Auch nach Jesu Tod und Auferstehung bleibt seine Gegenwart an sinnenhafte Vermittlung gebunden (Sakramente).

Das heißt aber: Jesus und ein fachlich ausgebildeter Therapeut können nicht gegeneinander ausgespielt werden. Die falsche Alternative „Beichtstuhl statt Psychiater" übersieht, daß Beichte Magie bleibt, wenn sie nicht auf einer *personalen* Beziehung zu Jesus gründet, deren Echtheit in konkret gelebten menschlichen Beziehungen sich erweist. Dieses Gesetz gilt nicht nur in der einen Richtung, die uns vertrauter ist, daß nämlich Liebe zu Gott und Jesus Christus sich am „Nächsten" zeigen muß. Es gilt auch – und das „vergessen" wir gerne – in unserem Suchen nach Liebe und Bitten um Hilfe. Wem es aus negativen Vorerfahrungen heraus nicht mehr möglich ist, dem anderen sein Bedürfnis nach Trost, Wärme und Hilfe mitzuteilen, der täuscht sich, wenn er glaubt, daß ihm das im Gebet gelingt. Denn er hat längst, wie gerade unser Text Mk 10, 17 ff lehrt, sich selbst (ersatzweise!) mit Gütern gefüllt, auf die er letztlich vertraut.

Es war unverzichtbar, daß wir uns diesen fundamentalen Zusammenhang etwas ausführlicher bewußt machen, bevor wir weitergehen, weil sonst die falsche Alternative immer wieder störend dazwischentritt, so, als könnten wir uns doch eigentlich den langen Weg ersparen, wenn wir nur „glauben". Darauf kommt es zweifellos an; aber die Geschichte vom „reichen Menschen" zeigt uns überdeutlich, daß dieses unser Leben ändernde Vertrauen blockiert ist durch die Habe, die uns am Absprung in die „Arme Gottes" hindert.

So vorbereitet können wir aber jetzt an der Begegnung Jesu mit dem Ratsuchenden Wesentliches ablesen für unser Suchen nach dem reicheren *Leben*:

Da ist zunächst die Versuchung, den Helfer zu „Gott" zu machen. In der Psychoanalyse wird dies „Übertragung" genannt.

Von ihm erwarten wir, daß er uns „alles" wird, daß er nun die Geschicke unseres Lebens in die Hand nimmt, weil er ja weiß, was uns nottut. Diese Projektion muß bald zerstört werden, wenn der therapeutische Prozeß vorangehen soll. Denn eine Therapie hebt die Freiheit, was ich aus meinem Leben machen will, nicht auf (vgl. Mk 10, 22). Nur Gott selbst weiß letztlich, wozu unser Leben gut ist, ohne daß sein „Wissen" unsere Selbstverantwortung aufheben würde. Eine Therapie, die den Klienten entmündigt, ist un-menschlich. Nie darf ich mich zum Objekt machen oder machen lassen, so stark dieser Wunsch aus der Not heraus auch zuerst sein mag. Als Therapeut achte ich die Unverfügbarkeit des anderen, seine durch keine Krankheit aufzuhebende Personalität, deren Mitte die (meist verschüttete) Kraft zur Änderung seines Tuns, zur Wieder-Geburt ist. Ohne das Vertrauen in diese unzerstörbare Quelle in der Tiefe jeder menschlichen Seele wäre jedes Hilfsangebot eine Täuschung. Deshalb ist es auch so wichtig, daß jemand aus freien Stücken, aus einem wohlüberlegten Entschluß heraus, therapeutischen Rat sucht.

Nun zeigt uns die Geschichte vom „reichen Menschen", daß wir in unserem bisherigen Leben ja schon Einiges getan haben, um „das ewige Leben zu erlangen". Wir haben ja Handlungsorientierungen schon als Kinder erhalten und uns bemüht, gut zu sein. Aufs Ganze gesehen können wir unter Umständen sagen: „Das alles habe ich befolgt von Jugend an" (Mk 10, 20). Dies soll nicht entwertet werden; denn in diesem Kennen der Gebote ist ja „eigentlich" der Weg vorgezeichnet, der nach Gottes Willen zur Erfüllung des Menschseins führt. Aber das Fatale ist doch offensichtlich, daß diese Gebote in mir, so wie ich (geworden) bin, nicht nur die „Stimme Gottes" begraben haben, sondern daß sie sogar meine Ichhaftigkeit und mein Habenwollen erst recht stimuliert haben. Sie verhinderten nicht, daß in meinem Herzen nicht Gottes Geist, sondern die „Güter" Platz genommen haben. Der Apostel Paulus hat darüber im Brief an die Römer (Röm 1–8) am deutlichsten nachgedacht. Seine niederschmetternden Einsichten sind eigentlich die Grundlage jeder Selbsterkenntnis, die zur Umkehr führen soll. Jesus setzt diesen Zustand der Gottesferne trotz Gebotserfüllung (die gerade bei den Juden die entscheidende Rolle spielt) bei seinem Tun und Reden überall voraus, wenn er den Menschen ausnahmslos als „Sünder" bezeichnet.

Er und in seinem Gefolge noch deutlicher Paulus entlarven die Gebotserfüllung als angestrengten Versuch des Menschen, der Barmherzigkeit Gottes nicht zu bedürfen (vgl. Mk 2, 17; Röm 2, 17 ff). Immer ist es die Erkenntnis, daß es so nicht weitergehen darf, daß ich in einer Sackgasse stecke, daß ich das Gefühl habe, ich lebe gar nicht richtig (sondern werde gelebt), was mich an einen Helfer verweist. Ich leide, nicht nur unter den „Verhältnissen", nicht nur unter meinen Mitmenschen, sondern vor allem auch an mir selbst. Meistens kann ich mich selbst nicht leiden, höchstens bemitleiden.

Mich auf eine therapeutische Beziehung einzulassen ist eine „Liebesbeziehung" besonderer Art. Einerseits wird mein ganzes (noch) vorhandenes Vertrauen aufgerufen, weil ich mich vor einem anderen so „bloß-stellen", meine geheimsten Gedanken und Gefühle mitteilen muß. Andererseits ist der andere nicht ein Partner, mit dem ich im gegenseitigen Austausch stehe, sondern er steht mir einseitig zur Verfügung, wofür ich ihn entlohne. Und doch darf und muß ich gerade von ihm erwarten, daß er mich vorbehaltlos annimmt und mich zu verstehen sucht. Ich bin auf seinen, mir wohl-wollenden Blick angewiesen, ohne den ich mich nicht öffnen kann. Erst dann, wenn ich mich so angeschaut weiß, kann auch das, was der Therapeut sagt, mir etwas bedeuten und vielleicht einen Prozeß der Änderung in Gang setzen.

Vielleicht. Denn es ist schwer zu begreifen, daß ich *wollen* muß, daß der andere mich nicht gesund *macht*. Ich selbst bin aufgerufen, mich auf eine gefährliche Wanderung zu begeben, für die ich mich so ungenügend ausgerüstet weiß. Der Therapeut verspricht ja nichts anderes, als mich zu begleiten.

Warum gehen wir traurig fort? Weil wir die vielen Güter, zu denen auch das Selbstmitleid und unter Umständen die Krankheit zählen können, nicht hergeben wollen. Das ist der Reichtum, den wir teilweise geerbt, teilweise uns selbst angehäuft haben: Geld, Arbeit, Wissen, Selbstverwöhnungen, Bedauernswürdigkeit … Eigentlich müßten wir zufrieden, ja glücklich sein, zumal wir keinen Sonntagsgottesdienst versäumen, Nächstenliebe üben, nicht töten, nicht ehebrechen, nicht stehlen, Vater und Mutter ehren ... (Mk 10, 19). Wäre da nicht dieser rätselhafte Schleier der Traurigkeit, der sich über alles legte, wir kämen gar nicht auf die Idee, daß uns zum *Leben* noch etwas fehlt. – Freilich, solange wir nur ab und zu „depressiv" sind – wer ist das nicht? –, beunruhigt uns das wenig. Erst wenn die innere Leere sich auszubreiten beginnt und die Angst sich mit ihr paart, es könne eines Tages alles aus sein, bevor ich „richtig gelebt" habe, erst dann wächst die Bereitschaft, mich von Gütern zu trennen.

Der reiche Mensch kann wiederkommen, wenn er gegangen ist. Jesus hat seinen liebenden Blick nicht zurückgenommen.

1.

Im Bann der Herkunft

Was hält uns fest, so daß wir dem Angebot des neuen Lebens nicht folgen, sondern traurig weggehen?

Wären es nur die Sachwerte, die wir uns im Laufe der Jahre erworben haben und die wir nicht hergeben wollten, dann wäre es schwer zu begreifen, daß der Blick der Liebe Jesu uns nicht davon trennen kann. Wir spüren deshalb auch sofort, daß es nicht um den Besitz als solchen, sondern um unser Herz geht, das daran hängt. Das, was wir angesammelt haben, unser Reichtum, macht dieses Leben, so wie wir es leben, lebenswert. Ohne ihn verlören wir nicht *etwas,* sondern uns selbst, so wie wir geworden sind. Um zu leben – und wir werden sehen: um zu überleben – haben wir uns mit dem, was wir *haben,* abzusichern versucht gegen unsere Angst, nichts wert zu sein.

Wer uns herauszuholen versucht aus diesem Schutzraum, liefert uns unweigerlich dieser Angst aus, nimmt uns die Krücken, mit denen wir laufen gelernt haben.

Die Abwehr, ja der tödliche Haß, den Jesus mit seiner Befreiungsbotschaft auf sich gezogen hat, ist nur aus dieser abgründigen Angst heraus verständlich. Denn er mußte, um zum Herzen, zur Personmitte des Menschen vorzudringen, alle diese Sicherungen zerbrechen. Das *Leben,* das er brachte, konnte nicht in die alten Schläuche gefüllt werden. Daß wir uns gegen diese schmerzliche Prozedur mit allen Kräften wehren, ist nur allzu verständlich.

In unserer Lebensgeschichte ist die naheliegendste Möglichkeit, uns gegen die Angst, alleine und verloren zu sein, abzusichern, die Mutter. Diese „Verlassenheitsangst" hat ihre biologischen Wurzeln zweifellos in der totalen Hilfsbedürftigkeit des

Säuglings, der wir waren. Aber wir sind von Beginn des Lebens an nicht nur Biologie, sondern Menschen. Und deshalb erfahren wir uns in diesem Zustand als Abhängige und Angewiesene, als Arme, die mit dem Lebensnotwendigen beschenkt werden müssen. Diese Verwiesenheit ist keine altersbedingte Besonderheit, sondern ein „Existential": so sind wir.

Leben bedeutet von dieser Grunderfahrung her Beschenkt-werden mit dem, was wir brauchen, um das Stück Menschsein aktivieren zu können, das uns ungefragt als Auf-gabe zugefallen ist. Die Chance und Last dieser Aufgabe wird uns nur langsam und nach und nach bewußt.

Es ist das nie völlig zu begreifende und aufzuhellende Abenteuer der „Ich-werdung". Aber das tiefe Wissen darum, daß diese Aufgabe in der unverdienten Gabe gründet, begleitet uns dabei. – –

Die erste Antwort, die wir auf die Frage: Wer bin ich? geben, lautet: das Kind dieser Mutter und dieses Vaters. Was ich bin, läßt sich von ihnen her, meiner Her-kunft, erklären. Was ich wert bin, sprechen sie mir zu, lese ich aus ihren Blicken ab. Als ihr Kind, als ihre Tochter, ihr Sohn darf ich mich sehen und wenn ich auf meine Eltern stolz sein kann, dann kann ich es auch auf mich sein.

Wie viele Menschen, die sich auf den schweren Weg einer Psychotherapie begeben, suchen noch immer verzweifelt nach dem Blick ihrer Mutter oder ihres Vaters, der ihnen sagt: Du bist in Ordnung so wie du bist. Alle ihre Anstrengungen und Leistungen gelten dem Ziel, in den Augen der Eltern endlich etwas wert zu sein.

Adoptivkinder suchen jahrelang ihre leiblichen Eltern, um zu wissen, wo sie eigentlich herkommen.

Schon diese Andeutungen – sie müssen hier genügen – lassen uns erahnen, was die Herkunft für uns bedeutet. Die Macht und Faszination, die sie über uns hat, kann gar nicht hoch genug veranschlagt werden. So ist es auch verständlich, daß die Bindung an die Mutter und/oder den Vater das zentrale Problem menschlicher Reifung darstellt und daß es keinen therapeutischen Prozeß gibt, der damit nicht vorrangig zu tun hätte.

Und doch hat Jesus die Nachfolge und das neue größere Leben mit der Forderung verbunden, diese Bindung nicht mehr als die uns bestimmende anzusehen, sondern sie in entscheidender Weise zu relativieren.

> „Wer Vater oder Mutter mehr liebt als mich, ist meiner nicht wert." (Mt 10, 37)

Lukas hat die ursprüngliche Redeweise noch besser bewahrt, wenn es bei ihm heißt:

> „Wenn jemand zu mir kommt und Vater und Mutter ... nicht haßt, kann nicht mein Jünger sein." (Lk 14, 26)

Das sind für jüdische Ohren (nur für jüdische?) so untragbare Worte, daß schon Matthäus, wie wir sahen, abmildert. Aber für Jesus, der den Menschen zum größeren Leben befreien will, kann nicht unsere Empfindlichkeit das Maß sein, sondern nur die Wahrheit. Solange wir unsere Lebenskraft, unser Selbstwertgefühl und unsere Lebensrichtung von den Eltern her beziehen, kann Jesus nicht der Weg, die Wahrheit und das Leben sein. Solange unser Herz an der Mutter hängt, ist es nicht frei für eine größere Liebe.

Wir werden im folgenden noch auf Spielarten dieser Bindung zu sprechen kommen und brauchen hier nicht auf den sich aufdrängenden Einwand einzugehen, daß viele Menschen scheinbar ihre Eltern doch auch hassen und nicht lieben. Nur so viel mag doch schon deutlich geworden sein: daß der hier gemeinte Haß nur eine andere Form der „Liebe" ist und ebenso stark an die Eltern fesselt wie positive Gefühle. Jesus zielt dagegen einzig auf diese (meist unbewußte) Bindung des Menschen an Mutter oder Vater, insofern sie die eigentlich bestimmende Macht meines Handelns und Strebens ist. Die Eltern sind die ersten und wichtigsten „Güter", durch die wir uns gegen die Angst abzusichern versuchen, ins Leere zu fallen, wenn wir dieses begrenzte uns zugefallene Stück Leben in die *eigene* Verantwortung übernehmen sollen.

1.1 Eure Sorge hält mich fest
Der zwölfjährige Jesus im Tempel (Lk 2, 41–50)

A. *Jesu Eltern zogen jedes Jahr am Osterfest nach Jerusalem.*
Als Jesus zwölf Jahre alt war, gingen sie der Festsitte gemäß wieder
dorthin. Bei der Heimkehr fehlte Jesus und sie suchten ihn bei Ver-
wandten und Bekannten. Als sie ihn nicht fanden, suchten sie ihn in
Jerusalem.

Jedes Jahr waren die Eltern Jesu der Sitte gemäß zum Fest ge-
pilgert. Das Kind war in diese Gewohnheit miteinbezogen,
selbstverständlich.

Zwölf Jahre des Lebens ziehen zugleich vor unserem inneren
Auge vorüber, Jahre, die unsere Kindheit umschließen. In ihnen
hat sich *Familie* wie ein unauslöschbares Gebilde in die Seele ein-
gebrannt, die Bilder von Mutter, Vater, Schwester, Bruder,
Tante, Onkel, Oma und Opa. In das Muster dieses Teppichs war
auch ich eingewoben, gehörte dazu. Selbstverständlich ist das
Kind dort zu suchen.

Bin ich noch heute dort zu finden?

Was ist mir von Kindheit an zur Gewohnheit geworden? (vgl.
Mk 9, 21; 10, 20.)

Da geht etwas jahrelang gut, wird von mir (mit)vollzogen
ohne jede Frage. Plötzlich geht es nicht mehr. Da gibt es auch in
meinem Leben ein Ereignis, mit dem die Kindheit aufhörte ...
Es lag vielleicht schon sehr früh – oder sehr spät, so daß ich
manchmal zweifle, ob ich nicht auch jetzt noch mit den Eltern
ziehe, der „Sitte gemäß" ...

Sie fanden ihn im Tempel mitten unter den Lehrern, die über ihn
staunten. Da sie ihn erblickten, waren sie fassungslos und seine Mut-
ter sagte zu ihm: Kind, warum hast du uns das angetan? Siehe, dein
Vater und ich suchten dich mit Schmerzen!

Sie fanden ihn, wo sie ihn nicht erwartet hätten und sind entsetzt.

Eigenartig diese Szene: Jesus, der „Knabe", unter Erwachsenen, die über seine Art zuzuhören und zu fragen staunen, und
die außer sich geratenen Eltern. Sie können diese Bewunderung

nicht teilen; denn sie sind ganz auf *ihren* Schmerz konzentriert, den ihnen ihrem Gefühl nach das Kind zugefügt hat. Deshalb hören sie auch nicht zu und lassen sich nicht fragen, sondern fallen über Jesus mit der empörten Frage her: „Wie konntest du *uns* das antun, uns deinen *Eltern?*"

Es ist an dieser Stelle hilfreich, sich das Gesicht der Mutter zu vergegenwärtigen, ihren von tiefster Enttäuschung und Traurigkeit gezeichneten Blick einige Momente auszuhalten. Kenne ich ihn?

Spüre ich noch die Macht dieses Blickes, der mich bei einer Gebotsübertretung ertappt?

Trifft mich wieder die Schärfe des (selten deutlich ausgesprochenen) Vorwurfs, daß ich den Gehorsam zu verletzen wage und daß ich nicht so bin, wie es die Mutter sich wünscht?

„Warum hast du mir das angetan?"

Er sprach zu ihnen: „Warum habt ihr mich gesucht? Wußtet ihr nicht, daß ich in dem sein muß, was meines Vaters ist?" Sie verstanden das Wort nicht, das er zu ihnen sprach.

Wenn sie gewußt hätten, wohin Jesus wirklich gehört, hätten die Eltern ihn nicht zu suchen brauchen.

Aber wie sollten sie auch verstehen, daß die Familie nicht der eigentliche Ort der Zugehörigkeit für den Menschen ist, daß er bei allem kindlichen Gehorsam (vgl. Lk 2,51) doch dort nicht hinge-hört. Wohin aber dann? Wo sollte er sich fest-machen und bergen, wenn nicht im Raum des elterlichen Hauses?

Sie verstanden nicht und wir verstehen – wenn wir ehrlich sind, auch nicht. Mag sein, daß da eine Ahnung in uns ist, daß andere und eigentlich auch wir uns selbst immer an falschen Orten suchen und so nicht finden können; daß unsere Heimat nicht dort ist, wohin Gewohnheit und Gefühl uns ziehen, sondern dort, wo „noch niemand war" (E. Bloch). Es sind nicht nur die Eltern, die uns nicht finden und erschrocken sind, wo sie uns antreffen. Wir selbst verfehlen uns, weil wir irregeleitet sind durch Lichter, die unentwegt aus der Kindheit her funkeln und die uns im Hafen festhalten statt den Weg auf die hohe See freizugeben.

Es braucht Zeit, viel Zeit, um ein Stück weit zu verstehen (Lk 2,51).

B.   Das zwölfte Lebensjahr markiert das Ende der Kindheit, die Zeit, in der wir uns mehr oder weniger ungebrochen von den Eltern her definieren. Die Familie, Elternhaus und Verwandtschaft, ist der Raum, in dem die erste Antwort auf die Frage gegeben wird: Was muß ich tun, um das *Leben* zu erwerben? „Leben" aber heißt für das Kind: Geliebtwerden, zu erfahren, daß ich wertvoll bin. Um Leben zu erwerben, muß das Kind sich so verhalten, daß es die Wertschätzung der Eltern nicht verliert. Generationen über Generationen lang war deshalb die Haupttugend des Kindes der Gehorsam. Was die Eltern sagen, ist richtig und ich handle gut, wenn ich es (möglichst sofort) tue. Ihnen zu widersprechen, widerspenstig zu sein, ist nicht nur falsch, sondern macht mich böse („Du bist ein böses Kind!") und solche Verhaltensweisen müssen mir ausgetrieben werden:

„Wer seinen Sohn liebt, hält stets den Stock für ihn bereit ... Wer seinen Sohn züchtigt, wird Freude an ihm haben, und im Bekanntenkreis wird er seinetwegen gerühmt werden" (Jesus Sirach, 30, 1–2).

Die Rigorosität, mit der im Judentum das Gehorsamsgebot galt (vgl. Ex 20, 12; Dt 5, 16), hängt sicher auch damit zusammen, daß das Kind (wie die Frau) Eigentum des Mannes war, der schwere Verstöße gegen das vierte Gebot mit dem Tod bestrafen konnte (vgl. Dt 21, 18–21; Ex 21, 15.17; Lev 20, 9). Das scheint in unserer „aufgeklärten" Gesellschaft undenkbar. Aber die Biographien vieler seelisch kranker Menschen beweisen das Gegenteil. Das Gehorsamsgebot führte bei ihnen zwar nicht zum physischen, aber zum *seelischen* Tod. Beispiele dafür würden ein Buch füllen.

Der Hauptgrund dafür liegt darin, daß die Projektion des Bösen auf das Kind und die Bekämpfung und Vernichtung negativer Eigenschaften an ihm ungebrochen unter dem Stichwort „Erziehung" andauert. Daß das Kind die lebenswichtige Zuwendung nur um den Preis erkaufen kann, *daß es sich schuldig fühlt,* ist der Wurzelgrund vieler Neurosen. Den Eltern lebenslang etwas schuldig geblieben zu sein gehört zu den stärksten Fesseln, die uns an sie binden.

Auf den ersten Blick scheint das Neue Testament, von dem

wir uns ja im Prozeß der Heilung entscheidende Hilfe erwarten, gerade hier im Stich zu lassen, wohin die Psychoanalyse ihr besonderes Augenmerk richtet: bei der Aufarbeitung und Aneignung der Kindheit. Über Jesus als Kind wissen wir so gut wie nichts. Was die „Kindheitsgeschichten" (Matthäus/Lukas) berichten, ist formelhaft, ohne biographischen Wert.

Aber dieser erste Eindruck täuscht, wie wir noch sehen werden, weil uns das durch die Her-kunft gebundene Kind dort im Neuen Testament begegnet, wo wir sie nicht gesucht hätten (siehe Kapitel 5).

Ein gewichtiger Aspekt dieser Bindung wird uns an unserem Text allerdings bereits deutlich vor Augen geführt. Es ist die uns festhaltende Traurigkeit und Enttäuschung der Eltern durch unseren Ungehorsam.

Die Lebensgeschichte von Menschen, die zur Therapie kommen, läßt vor allem zwei Komponenten hervortreten: Einmal das *Erschrecken,* ja Entsetzen der Mutter über das Kind, das sie bei „unmoralischen" Handlungen ertappt, und die Traurigkeit über die *Undankbarkeit* des Kindes, falls es wagt, an der Güte der Eltern zu zweifeln. Hans Böhringer spricht von einem „Katastrophengefühl", welches das Kind empfindet, wenn es sich beim Spiel mit den Genitalien ertappt findet, ein Gefühl des Verachtetwerdens, das vom Menschen sehr früh verdrängt wird. Die fehlende Selbstannahme gerade im Bereich der Sinnlichkeit beim Erwachsenen hat deshalb zur Folge, daß auch der heranwachsende Mensch sich nicht voll bejahen kann und (bei aller zur Schau getragenen Freizügigkeit) unbewußt seine Leiblichkeit und Geschlechtlichkeit ablehnt. Daß in jeder Therapie „sexuelle Probleme" eine große Rolle spielen, hat hierin seinen tiefsten Grund. Es ist überflüssig, hierfür weitere Beispiele anzuführen. Die psychologische Literatur bietet sie zu Genüge. Fast noch verhängnisvoller ist jedoch das Fortwirken des vierten Gebots in der Auslegung: „Du sollst davon überzeugt sein, daß es Mutter und Vater immer gut mit dir meinen. Deshalb mußt du ihnen in deinem Herzen einen Thron errichten und dafür nie an ihrer Liebe zweifeln."

Alice Miller hat in ihren Büchern die Folgen dieser über Generationen verinnerlichten Devise an verschiedenen Biographien dargestellt. Entscheidend ist dabei, daß eine innere *Auseinander-setzung* mit den Eltern vermieden wird, so daß die lebensnotwendige Trennung von ihnen nicht gelingt.

Einem in einer lebensbedrohenden Depression gefangenen Mann schrieb der Vater zu dessen 21. Geburtstag:

> *„Es gibt im Menschenleben keine schönere und glücklichere Zeit als das Heranwachsen und Heranreifen in der Obhut und Betreuung der sorgenden und opfernden Eltern. Wenn auch die schwere Zeit mit all den vielen Kämpfen und Nöten die Eltern manchmal nicht so froh und teilnahmsvoll erscheinen läßt, so mußt Du es auch herausge-spürt haben, daß es für Deinen Vater und Deine gute Mutter nichts Höheres gibt, als für das Glück und Wohlergehen der anvertrauten Kinder bis zur letzten Hingabe besorgt zu sein. Jedes mahnende Wort ist von Herzen gut gemeint. Ich kann mir nichts Schlimmeres denken, als einmal erleben zu müssen, daß ein Kind an der Liebe sei-ner Eltern zweifelt und manche wohlgemeinten Ratschläge als zu unzeitgemäß und veraltet ablehnt, ohne selbst die tiefsten Beweg-gründe erkannt zu haben ..."*

Es bedarf keiner Begründung, daß auf einem solchen Hintergrund ein Klient die Kindheit vergoldet und lange braucht, um zu begreifen, daß dies eine Lüge ist.

Die Macht des traurigen Blicks der Mutter, schweigend ohne Worte, kann nicht überschätzt werden. Sie bricht im wahrsten Sinne des Wortes das Herz und zwingt, einen vielleicht genommenen Anlauf, fortzugehen, zu stoppen. Denn „die Mutter weinet sehr, hat ja nun kein Hänschen mehr. Da besinnt sich das Kind, kehrt nach Haus' geschwind", wie es im Kinderlied heißt.

Jeder Schritt, das Leben selbstverantwortlich zu gestalten, wird so unterbunden. Wie das Schicksal so vieler Menschen zeigt, wird so aber das Leben selbst getötet.

Und doch kann all dies das Suchen nach Leben, nach dem größeren Leben, nicht endgültig ersticken. Das ist die einzige Hoffnung. Gerade die Krankheit zwingt uns, dieses Suchen nicht aufzugeben. Darin liegt ihre Chance. In der Tiefe der Seele hören wir: „Weißt du nicht, daß dein Leben nicht deinen Eltern und auch nicht dir gehört, sondern dem *Vater*, der im

Himmel, in der unbegreifbaren Mitte jeder Wirklichkeit, auch deiner, ist?" – –

„Gott, du mein Gott, dich suche ich, meine Seele dürstet nach dir!" (Ps 63, 2.)

1.2 Ich bin nicht so, wie ihr mich gerne hättet
Die Verwandten (Mk 3, 20–21; Lk 4, 16–22)

A. *Als er nach Hause kam, lief wieder viel Volk zusammen, so daß sie nicht einmal das Brot essen konnten. Als die Seinen davon hörten, zogen sie aus, um sich seiner zu bemächtigen; denn sie sagten: „Er ist von Sinnen".*

Jesus mutet seiner Familie und Verwandtschaft zu, ihn als Wanderprediger aus unmittelbarer Nähe zu erleben. Solange er mit seinem verrückten Tun fern ist und nicht „das eigene Nest" beschmutzt, mag es ja hingehen. Aber daß er noch wagt, zuhause in Nazareth so aufzutreten, grenzt an Wahn-sinn.

Was bleibt anderes übrig, als ihn wieder in die Gewalt zu bringen, fest-zu-nehmen, damit er nicht noch mehr Schaden anrichtet.

Jesus lehnt es offensichtlich ab, sich von seiner Familie her zu definieren. Er mutet sich den Seinen so zu, wie er ist. – –

Wenn *ich* nach Hause komme ... Passe ich mich dann nicht möglichst den Eltern und Verwandten an, um kein Ärgernis zu geben, ja nicht Ursache von Streit und Mißstimmung zu sein?

Mich den Eltern so zumuten, wie ich bin, ihnen sagen, was ich wirklich denke und fühle, das geht doch nicht. Das halten sie nicht aus, das wäre lieblos und – außerdem nützte es doch niemanden. Meiner brauchen sich die Eltern nicht zu bemächtigen. Mich haben sie im Griff ...

Er kam nach Nazareth, wo er aufgewachsen war. Nach seiner Gewohnheit ging er am Sabbat in die Synagoge und stand auf, um vorzulesen.

Dort, wo er seine Kindheit verlebt hat, zeigt er sich als Mann. Er scheut nicht die Öffentlichkeit, steht auf, um die Schriftlesung zu übernehmen. Er versteckt sich nicht.

Aber: Aus welchem Selbstbewußtsein heraus wagt er nicht der zu sein, der er nach dem Bild der Seinen sein soll?

Jesus las die Stelle aus dem Propheten Jesaja: „Der Geist des Herrn ruht auf mir, weil er mich gesalbt hat; er hat mich gesandt, Armen Frohbotschaft zu bringen, den Gefangenen Befreiung zu verkünden und den Blinden das Augenlicht, Bedrückte in Freiheit zu entlassen ...!"

Dann spricht er zu denen, die gespannt auf ihn blicken: „Heute ist dieses Schriftwort vor euren Ohren erfüllt worden."

Das also ist es. Jesu Selbst-verständnis gründet nicht im Beifall und der Zustimmung der „Seinen" (vgl. Lk 4, 22), sondern im Wissen um seine Aufgabe. Der Geist Gottes ist die Mitte seiner Person, von der her er lebt. Nur aus dieser *Freiheit* heraus kann er anderen Freiheit bringen, denen, die in der Bindung an die Eltern und andere Mächte gefangen sind und die blind für ihren wahren Zustand und ihre eigentliche Be-rufung sind.

„Heute" ist das Wort erfüllt.

Ich brauche nicht dauernd zurückzuschauen und mich an den Fesseln wundzureiben.

Das verbraucht meine Kraft.

Heute, jetzt will *Er* mit Seinem Geist das innere Gefängnis aufbrechen, den Schleier der Blindheit lichten.

Warum will ich nicht?

Sie sprachen: „Ist das nicht der Sohn Josephs?"

Die Zustimmung darüber, daß das Jesajawort einer tiefen Sehnsucht des Menschen ent-spricht, (Lk 4, 22: Alle stimmten ihm bei ...), schlägt um in Zweifel und tödliche Aggression (siehe Lukas 4, 28–29), als Jesus wagte, diese Hoffnung *an seiner Person* festzumachen.

Hoffnung schon und Vision vom besseren Leben! Aber doch nicht so, doch nicht durch einen Menschen aus diesen Verhältnissen, aus dem Handwerkermilieu. Jetzt habe ich den Dreh gefunden, der verhindert, daß ich mich ändern müßte. Diese

Sehnsucht in mir muß vage und unbestimmt bleiben, eine Stimmung für manche Stunden, für religiöse Feiern zum Beispiel. Aber in diese konkrete Welt hinein darf sie nicht einbrechen. Das geht gar nicht; denn ich weiß doch genau, wie alles funktioniert. Diese Eigenschaften habe ich nun einmal geerbt. Schließlich konnte ich meine Eltern nicht aussuchen. Und den anderen geht es doch ebenso. Jeder hat seine Welt und in diesen Grenzen muß er nun einmal leben, ob es ihm gefällt oder nicht. Vielleicht habe ich früher einmal in meiner Jugend Protest angemeldet dagegen, so zu sein, wie meine Eltern mich sahen. Aber mein Aufbegehren brach zusammen, wenn die Mutter mit sanfter, leiser Stimme und einem durchdringenden Blick sagte: „Aber schau, ich kenne dich doch viel länger, als du dich selbst kennst."

Andere waren mutiger als ich. Sie schleuderten den Eltern entgegen: „Aber ich will nicht so sein, wie ihr mich gerne hättet."

Doch bald fand ich sie wieder, daß sie waren, wie bestimmte Gruppenmitglieder oder ihre Freundin sie gern hatten. Es war nur der Wechsel von einer Fremdbestimmung zur anderen.

Wieder andere ließen sich von Alkohol oder Drogen sagen, wer sie sind. Und die Eltern holten sie aus einer Polizeiwache ab und sagten: „Schau, wir haben doch immer gesagt, daß es so mit dir kommt, wenn du nicht auf uns hörst."

B. In einer Leserzuschrift an eine katholische Wochenzeitschrift wurde vor kurzem gefragt, ob Jesus nicht gegen das vierte Gebot verstoße, wenn er so grob gegen seine Mutter sei (vgl. Mk 3, 33–34; Joh 2, 4 u. a.). Die Antwort versuchte zu zeigen, daß Jesus nicht gegen dieses Gebot verstieß. Warum wagen wir nicht, die Absage Jesu an familiäre Bindungen so ernst zu nehmen, wie sie uns überliefert ist?

Der Grund ist inzwischen vielleicht sichtbar: Weil wir selbst noch an die Eltern gebunden sind. Kirchlich geprägte Menschen, Priester und Ordensleute etwa, sind besonders stark an die Mutter fixiert, deren Bild auf Maria oder die „Mutter Kirche" projiziert wird.

Da diese Bindung traditionell durch das vierte Gebot sanktioniert ist, kann die Radikalität Jesus in diesem Punkt gar nicht richtig ins Bewußtsein treten. Wo Jesu Widerspruch bemerkt wird, muß er so „erklärt" werden, daß Jesus nach wie vor Vorbild des gehorsamen Kindes bleibt. Das reicht schon bis in die frühesten Gemeinden zurück wie wir etwa an Lk 2,51 sehen können: Nach dem „Ausrutscher" im zwölften Lebensjahr ist Jesus gefügig.

Aber diese Verdrängung eines bestimmenden Grundzuges an Jesu Verhalten und Verkündigung hat verhängnisvolle Folgen gehabt. Die entscheidende ist die, daß dem jungen Menschen, der seine Selbst-bestimmung nicht mehr dem Bild entnehmen möchte, das die Eltern (und Verwandten) von ihm haben, Jesus nicht als Vor-bild in den Blick kommt. Damit bleibt er aber dem inneren Selbstbild verhaftet, das er in der Kindheit aus den Bausteinen der elterlichen Wünsche und Bedürfnisse aufgebaut hat.

Zerbricht dieses Ideal an den Widersprüchen der Lebenserfahrung – in der Pubertät meist an der Ent-täuschung durch die idealisierten Eltern und der aufbrechenden Sinnlichkeit –, dann fehlt eine neue Be-gründung für dieses mein individuelles Dasein. Alle Versuche, mir meinen Selbstwert von anderen als den Eltern her zu bestätigen, scheitern daran, daß ich meine fortdauernden unbewußten Erwartungen an die Eltern auf diese anderen richte oder an ihnen meine Enttäuschung und Wut auf sie abreagiere. Auch (und gerade) dann, wenn ich diesem als brüchig erkanntem Selbst-Eltern-Bild nicht mehr entsprechen und bewußt das Gegenteil leben will, bleibe ich durch die Negativfolie diesem Ideal verhaftet. Nicht zufällig ist deshalb die Depression eine „Volkskrankheit".

Der depressive Mensch ist süchtig nach Anerkennung und Zuwendung, die er sich immer neu durch Gefügigkeit zu erwerben sucht. Er nimmt dafür auch alle Schuld auf sich und bekennt, daß er kein liebenswerter Mensch ist.

Der Schatten, der ihn dabei begleitet, ist die uneingestandene Macht-lust: endlich einmal wer zu sein und nicht immer auf die Gunst anderer verwiesen zu sein. Dieses Bedürfnis bricht sich deshalb nicht selten in unkontrollierten Wutausbrüchen und Zerstörungsorgien Bahn. Der Text Lk 4,16ff. zeigt sehr gut, wie die aus dem Gefühl der Zugehörigkeit entspringende euphorische Stimmung (der weise Jesus ist einer von uns!) umschlägt in

Haß und Wut, als dieses Bedürfnis enttäuscht wird (dieser Jesus will etwas Besonderes sein, er läßt uns absichtlich zappeln!; vgl. Lk 4, 23 ff.). – –

Nach Hause zu kommen ist für den erwachsenen Menschen in der Regel eine sehr zwiespältige Angelegenheit. Verborgene Schuldgefühle gegenüber den Eltern und versteckte Wut bestimmen das Verhalten. „Bekomme ich Vorwürfe zu hören, weil ich mich zu wenig um sie kümmere, weil ich immer noch so viel rauche, weil ich meinen Kindern so viele Freiheiten erlaube? – Eigentlich wollte ich ihnen ja schon lange mal sagen, daß sie mich noch immer nicht richtig ernst nehmen und mich wie ein Kind behandeln. Aber Mutter ist immer so glücklich, wenn sie mich in die Arme schließen kann, daß ich ihr das Gefühl nicht nehmen will, ich sei ihre „Kleine". „Wenn das meine Mutter wüßte", können wir noch von Menschen hören, die die Lebensmitte bereits überschritten haben. Menschen, die sich in Therapie begeben, möchten nicht, daß die Eltern davon erfahren. „Alles dürften sie wissen, nur das nicht. Sie würden es nicht verstehen, daß ich das nötig habe."

Eine Klientin, die von sehr weit her zu mir fährt, wurde in einen Unfall verwickelt und mußte wohl oder übel ihrer Mutter Mitteilung machen, bei der sie am Therapietag zu Besuch war und der sie gesagt hatte, daß sie „noch eine Freundin besuche". Wie sollte sie ihr erklären, daß sie in Karlsruhe ist? Das Ansinnen, ihr die Wahrheit zu sagen, wies sie weit von sich.

In einer Sendung des Süddeutschen Rundfunks über das Thema „Trennung" sagte ein Autor: „Trennung vom Elternhaus ist lebensnotwendig. Aber es gibt sie nicht." Präziser kann man die Situation des Menschen nicht beschreiben.

Es gibt sie nicht, weil wir alleine unfähig sind, uns aus dieser Bindung zu lösen. Wie in einem großen Spinnennetz sind wir darinnen gefangen, bis wir uns von Jesus Geist befreien lassen. Aber das Mißtrauen der Leute von Nazareth ist tief in unseren Herzen verankert. Geht das, gibt es einen Weg heraus, der an die Vermittlung von Menschen geknüpft ist? Muß ich mich vertrauend auf einen *Menschen* einlassen, wenn ich *Gottes* befreienden Geist ersehne?

Der Text vom Auftreten Jesus in seiner Heimatstadt Nazareth setzt offensichtlich voraus, daß Jesu Landsleute von ihm ein Wunder erwarten, das ihnen den mühsamen Weg des Vertrauens ersparte (vgl. Lk 4,23). Auch in diesem Punkt treffen sie haarscharf die Erwartungshaltung vieler Heilung Suchender. Ein Wunderheiler braucht keine Legitimation. Er darf sogar der Sohn des Landwirts von nebenan und ohne Schulabschluß sein. Als Wundertäter darf ich mich sogar in der eigenen Familie sehen lassen. Das tut niemandem weh, sondern es verherrlicht die Sippe. Aber mich auf einen Menschen einlassen, der mich mit dem, wie er lebt und was er sagt, in Frage stellt, das ist doch etwas anderes.

Noch einmal stößt uns der Text hier auf die Frage nach einem Therapeuten als Helfer für die notwendig erkannte Kurskorrektur. Soviel ist sicher: Die Erwartung eines Wunders im oben genannten Sinn ist keine tragfähige Voraussetzung. Wo und wenn das Leiden an sich selbst ein solches Maß erreicht hat, daß die gewohnten Abwehrmaßnahmen und Selbstbeschwichtigungen nicht mehr standhalten, wenn der Stolz, es allein zu schaffen, am Ende ist, kommt in der Regel der Mensch in den Blick, durch den Christus seine helfende Hand reicht. Es muß kein ausgebildeter Psychotherapeut sein. Immer aber wird er mich zwingen, einen Schritt des Vertrauens zu tun, mich ein Stück weit zu öffnen und so zu beginnen, aus dem inneren Gefängnis herauszutreten.

Noch weiß ich nicht, wer ich bin, wenn ich erkannt habe, daß ich nicht so bin, wie meine Eltern mich gerne hätten. Dies zu erkennen, daß ich sie durch meine Leistungen noch immer überzeugen will, daß ich wert bin, geliebt zu werden, ist meistens nur mit Hilfe eines anderen möglich. Es ist der erste Schritt aus ihrem Bannkreis. Aber bevor ich die alten Götter verlasse, um dem allein wahren Gott zu dienen, wie es die Bibel ausdrückt, liegt ein weiter steiniger Weg vor mir.

1.3 Ich liebe und ich hasse euch!
Nachfolgeworte (Lk 9, 59–61; 14, 25–27)

A. *Er sprach zu einem: „Folge mir nach!"*

Einfach diese Herausforderung, die so weitreichende Konsequenzen hat: „Schließ' dich *mir* an."
Wann spricht ER dieses Wort? Was bereitet es vor, was verhindert, daß es auch mich trifft?

Jener aber sprach: „Erlaube mir, zuerst hinzugehen und meinen Vater zu begraben."

Zuerst noch einmal weggehen und das vierte Gebot erfüllen. Mehr will „jener" nicht. Es ist nicht nur eine Pietätspflicht, das zu tun. Das Abschiednehmen vom Vater ist ja nicht leicht. „Trauerarbeit" sagen die Psychologen, muß geleistet werden. Das braucht Zeit. Das Bewußtsein, daß das irgendwie zusammengehört: nachfolgen und den Vater (Eltern) begraben, hat jener, der hier um Erlaubnis fragt.

Er aber antwortete ihm: „Laß' die Toten ihre Toten begraben; du aber gehe hin und verkünde das Reich Gottes."

Wenn ich versuche, die Antwort Jesus nicht so lange „auszulegen" bis sie mir in den Kram paßt, was dann? Heißt es dann nicht: „Wenn ich dich rufe, dann ist *alles* andere nicht mehr dein Problem!" Aber die Ablösungsphase, die „Trauerarbeit"? Es kommt wohl darauf an, wie ernst ich dieses „Er *sprach*" nehme. Setzt sein Ruf-wort nicht eine neue Realität, in der mir das Notwendige (das die Trennungs-not wendende) geschenkt wird?

Ein anderer sagte: „Ich will dir nachfolgen, Herr, doch erlaube mir zuvor, von meinen Hausgenossen Abschied zu nehmen."
Jesus aber sprach zu ihm: „Niemand, der seine Hand an den Pflug legt und zurückschaut, ist tauglich für das Reich Gottes."

Ein anderes Nachfolgewort desselben Inhalts.
Warum bringt Lukas dies in solch' aufdringlicher Dichte? Abschiednehmen von Familie und Verwandtschaft ist ein „Zurück-

schauen", das untauglich macht für das größere Leben (das „Reich Gottes").

Weiß Jesus, daß dieses Abschiednehmen, das *ich* will, niemals gelingt? Kennt er mein Herz so tief, daß er in diesem Wunsch nur die andauernde Bindung an die Hausgenossen erkennt, die er im Dienst des *Lebens* lösen will? Raubt mir die Bindung an die Eltern die Kraft, meine Hand wirklich „an den Pflug zu legen", das heißt: mein Leben verantwortlich „in die Hand zu nehmen"?

Es zogen viele mit ihm. Er aber wandte sich um und sprach zu ih-nen: „Wenn jemand zu mir kommt und nicht Vater und Mutter und Weib und Kinder und Brüder und Schwestern und dazu auch sein eigenes Leben haßt, kann nicht mein Jünger sein."

Dieser Satz ist der Gipfel.

Will Jesus die „vielen", die ihm folgen wollen, abschrecken?

Will er nicht die „Volkskirche" der Massen (im Text heißt es wörtlich Lk 14, 25: „viele Volksscharen"!)? Es ist ein Lebens-wort; denn vom Leben, dem der Familie und meinem eigenen, ist die Rede.

Doch wird von ihm in einer neuen Dimension unter der Über-schrift: „Jünger-sein" gesprochen. Der Sachverhalt ist uns inzwi-schen vertraut:

Die Lösung der familiären Bindungen ist die Voraussetzung für die vorbehaltlose Bindung an Jesus. Daß in diesem Text diese Loslösung mit „hassen" beschrieben wird, unterstreicht noch einmal, welche Kraft sie erfordert, wie stark diese Fessel ist. Es ist nicht nur „orientalische Übertreibung", wie man uns gerne abschwächend versichert. Aber unser kurzer Text geht noch einen Schritt weiter und zeigt uns dadurch noch einen Zu-sammenhang auf, der bisher vielleicht noch verborgen war: Da ist etwas in mir, von dem ich mich ebenso trennen muß wie von den Eltern. Dieses „eigene Leben" kann vom Kontext her nur mein „Leben" meinen, das sich von der Bindung an die Familie her aufbaut und darauf gründet. Denn zweifellos ist das von Jesus genannte „Jüngersein" nicht Tod, sondern Leben, und zwar mein ganz persönliches, individuelles. Wenn das stimmt, daß ich in der Nachfolge erst eigentlich zu meinem „wahren" Leben komme (Jesus ist dieses Leben: Joh 14, 6), dann war dieses bisherige Leben noch gar nicht mein „eigenes", sondern mein eigen-mächtiges Leben, das seine Berechtigung und Zukunft eben aus den Eltern, Brüdern und Schwestern bezogen hat und nicht aus dem Ruf Jesu. Und deshalb genügt auch das Abschiednehmen von den Hausgenossen alleine nicht.

B. In der psychotherapeutischen Praxis begegnet die Unfähigkeit des Menschen, seine Eltern (Mutter oder Vater) zu „begraben", sehr oft. Nach dem bisher Gesagten kann uns das ja auch nicht mehr verwundern. Es gelingt uns ja bei weit weniger gewichtigen Erlebnissen nicht, sie „endlich zu begraben."

Dabei muß in erster Linie gar nicht an aktuelle Sterbefälle gedacht werden, die eine so starke seelische Krise (meist nach W. Bräutigam als „Konfliktreaktion" bezeichnet) auslösen, daß therapeutische Hilfe in Anspruch genommen wird. Meistens handelt es sich darum, daß die *inneren* Eltern nicht begraben werden können, gleichgültig ob die leiblichen Eltern noch leben oder nicht. Dem Krankheitsbild der Depression liegt in der Regel diese Unfähigkeit zugrunde, wobei unbewußte Schuldgefühle eine wesentliche Rolle spielen.

Eine Klientin, die wegen extremer Kontaktunfähigkeit eine Therapie aufsucht (der Vater hat ihr regelrecht „die Sprache verschlagen"), malt innerhalb von sechs Wochen folgende Bilder:

Das erste: Im dunkelblau gemalten Sarg des Vaters (durch ein großes schwarzes aufgeklebtes (!) Kreuz gekennzeichnet) sind nicht nur die Eltern (die Mutter lebt noch), sondern auch die Kinder eingeschlossen (als farbige Kreise mit dickem schwarzen Rand). Im kleineren Teil der Bilder versuchen sich zwei Kinder (auch die Klientin) daraus zu lösen. Sie ragen ein Stück weit in eine rote Fläche, die mit einem dunkelblauen Gitter überzogen ist.

Das zweite Bild zeigt ein begrüntes Grab (aber ohne sonstigen Schmuck), das sich nach vorne zu als sich verbreiternde graue Fläche ausweitet (Beton). Auf dem Grabstein steht: „Hier ruhen in Frieden ..." Links vom Grab ragt ein Baum blätterlos und mit Luftwurzeln einsam auf. Neben Grabstein und Grab sind einunddreißig

Fragezeichen verschiedener Größe gemalt (abwechselnd rot und schwarz). Auf der grauen Betondecke befinden sich ein großer und zwei kleine dunkelrote Punkte (Scheiben), die mit Kreisen in schwarz, grün und braun umgeben sind.

Die Klientin, von der die Bilder stammen, enttäuschte den Vater (die Mutter spielt eine untergeordnete Rolle), weil sie dem leistungsorientierten Bild nicht entsprach. Die Familie konnte sich mit einer in der Schule versagenden Tochter „nicht sehen lassen". Widerspruch wurde nicht geduldet, die künstlerische Begabung des Mädchens nicht beachtet. Da der Klientin aus Angst, zu versagen, die Worte im Hals stecken bleiben, gestaltet ihre Seele in einer langen Bilderfolge den Befreiungsprozeß vom übermächtigen Vater. „Nachfolge Jesu" heißt für sie zunächst sich ihrer eigenen Wünsche und Bedürfnisse bewußt zu werden, den Vater und nicht sich selbst endgültig zu begraben. Noch ruht der Vater nicht in Frieden und die Klientin ist mit Mutter und Schwester am Fußende mitbegraben. Aber Hoffnung auf Leben keimt auf (rote, grüne und braune Farben), wenn die tiefe unbewußte Bindung an den Vater (dunkelblaue Farbe des Sarges) nach und nach ans Licht kommen darf. Solche aufwühlenden Erfahrungen zeigen, welches Gewicht Jesu Wort hat: „Wer die Hand an den Pflug legt und zurückschaut, ist untauglich für das Reich Gottes." Auch die Märchen kennen dieses verhängnisvolle Zurückblicken, das alles zerstört, was dem Glück und Heil des Helden dient. Nicht die bewußte Aufarbeitung der Vergangenheit ist damit gemeint, das dürfte deutlich geworden sein, sondern das Hängenbleiben an schmerzlichen Erfahrungen, die uns nicht freigeben für die Aufgaben des heute und morgen. Das oft gehörte Argument, daß es doch keinen Sinn habe, in der Vergangenheit zu wühlen, übersieht – wenn dabei die Therapie gemeint ist! –, daß die von Jesus angesprochene Bindung an die Eltern uns meistens nicht bewußt ist und erst in schwerer Arbeit als Realität auch meines eigenen Lebens be-griffen werden kann. *Ziel* dieser Arbeit ist aber eben gerade, daß ich das, was (zeitlich) hinter mir liegt, auch wirklich vergangen sein lassen kann. Das „Zurückschauen" der Therapie ist also nicht Selbstzweck und von Jesus sicher nicht gemeint, wenn er den Rückblick verbietet. Gemeint ist vielmehr das Verhaftetsein des (un-bewußten) Herzens an die „Hausgenossen".

In ihm zeigt sich nämlich, daß die Liebeskraft noch ganz an die Eltern gebunden ist. Ihnen muß ich ein Leben lang beweisen, daß ich doch etwas leisten kann und doch etwas wert bin. Auch wenn die frühe kindliche Zuneigung später gefühlsmäßig in deutlichen *Haß* umschlägt, bleibt in dieser negativen Fixierung der Tatbestand unverändert. Haß auf die Eltern ist Ausdruck der enttäuschten, aber andauernden Liebe. Solange wir an die Eltern gebunden bleiben, lieben und hassen wir sie in gleicher Weise, ohne uns alleine von dieser uns erstickenden Fessel be-freien zu können. Wieder meint Jesus *diesen* Haß nicht; denn er will uns aus der Gefangenschaft der verinnerlichten Eltern ja herausrufen. Er kann erst recht nicht meinen, daß der „Selbst-haß", den wir durch die Ablehnung von seiten der Eltern entwik-kelt haben, Grundlage der Jüngerschaft sein soll. Hier hat die sogenannte christliche Erziehung in der Vergangenheit oft ver-hängnisvolle Mißverständnisse geschürt. Das Aufgeben des ei-genen Ich im Dienste des Nächsten etwa wurde als christliches Ideal verkündet und dabei übersehen, daß dieses eigene Ich, das sich *in Freiheit* zum Dienst rufen lassen kann, noch gar nicht exi-stiert. Was von außen wie selbst-lose Nächstenliebe aussah, war in Wirklichkeit der Versuch, sich bei den dafür ausgesuchten Er-satzeltern („Nächsten") unentbehrlich zu machen. Oft zeigt erst ein körperliches Symptom an, daß dabei etwas nicht stimmt. Bin ich freilich erst einmal in den Teufelskreis geraten, dann wage ich mir nicht nur meine Sehnsucht nach Dankbarkeit und Aner-kennung nicht mehr zuzugestehen (– denn das würde ja die Illu-sion der Selbstlosigkeit zerstören –), sondern ich werde auch meine körperlichen und seelischen Warnzeichen als Teilnahme am Leiden Christi (und damit als Bestätigung der „Nachfolge") interpretieren. Ein Spiegel zur Selbsterkenntnis und ein Weg zur Ein-sicht in das an Vater und Mutter gekettete „eigene Leben" kann dann Jesus Wort nicht mehr sein. Da muß ich mich vorher im Blinden von Bethsaida (vgl. Kapitel 4.4) erkennen.

1.4 Ich bin von euch be-sessen
Der Sohn des Vaters (Mk 9, 17–27)

A. *Einer aus dem Volk sagte zu Jesus:*
   „Meister, ich habe meinen Sohn zu dir gebracht, der von einem stummen Geist besessen ist. Und wenn er ihn packt, reißt er ihn hin und her, so daß er schäumt und mit den Zähnen knirscht und ganz starr wird."

Das Krankheitsbild der Epilepsie, keine Frage. Ein interessanter Text für die Geschichte der Psychiatrie. Oder doch mehr?
   Ein *stummer* Geist hat von mir Besitz ergriffen. Ich kann und will nicht reden, mich nicht mitteilen. Ich schweige mich aus.
   Manchmal allerdings „packt es mich", so daß ich hin und her gerissen bin zwischen ohnmächtiger Wut und totaler Resignation, in der ich tot sein will. Ich beiße mir auf die Zähne, um die Wut nicht rauszulassen, und ich stelle mich leblos, um nichts sagen oder nicht handeln zu müssen.

   Er erwiderte ihnen: „O ungläubiges Geschlecht! Wie lange soll ich noch bei euch sein, euch noch ertragen".

Was sich da abspielte, der Streit der Leute mit den Jüngern um die Möglichkeit der Heilung der Besessenheit (vgl. Mk 9, 14–16), ist für Jesus Beweis ihres Unglaubens.
   Worin dieser Unglaube besteht, ist hier noch unklar. Erahnen läßt sich allerdings, daß versucht wird, an den Symptomen herumzukurieren, ohne die Wurzel der Krankheit erkannt zu haben. Diese hat etwas mit Jesus und *seinem* Heilungsauftrag zu tun: Er muß beim Menschen sein und er muß auf sich nehmen (er-tragen), was ihm da begegnet: Mißtrauen, Angst und Egoismus.

   Als der Geist Jesus erblickte, riß er den Jungen hin und her, so daß er zu Boden stürzte und schäumend sich herumwälzte.

Der Geist spürt gleichsam, daß in der Begegnung mit Jesus das Ende seiner Herrschaft naht. Es ist wie ein Aufbäumen.

Jesus fragte den Vater: „Wie lange schon widerfährt ihm das? Der antwortet: „Von Kindheit an".

Jesu „Anamnese" bringt es an den Tag: Schon das Kind ist besessen, besetzt vom stumm machenden Geist.

Die „selige Kindheit" ist eine Illusion; denn gerade als Kind bin ich den Geistern ausgeliefert, die sich meiner bemächtigen.

„Oft hat er ihn sogar ins Feuer und ins Wasser geworfen, um ihn umzubringen."

Dieser Geist, oder besser Un-geist, ist zielstrebig: Er will mich töten. Er will meinen Geist töten, der mich mich sein läßt. Dazu wirft er mich in Feuer und Wasser: Er läßt mich brennen vor Begierde nach Liebe und Anerkennung. Aber dann kommt die „kalte Dusche: eine maßlose Enttäuschung, in der ich zu versinken drohe. So empfindet das Kind, das sich in seinem ungestümen Lebensdrang (es „wälzt sich herum") doch angenommen und geliebt wissen will.

„Aber wenn du etwas vermagst, so hab Erbarmen mit uns und hilf uns."

Der Vater kann nicht erkennen, was sich da schon in der Kindheit abspielte. Aber er spürt, daß er mit hineingezogen ist, er und die ganze Familie und Sippe. Alle sind sie in diesem verhängnisvollen Teufelskreis zusammengeschlossen, ihm ohnmächtig ausgeliefert. Wer sollte da Schuld verteilen? Von seiner Rolle her muß der Vater die Macht über seinen Sohn „außen" suchen statt bei sich selbst. Er kann sich nicht eingestehen, daß er sein Machtbedürfnis, welches das Kind stumm macht, hinter der „Erziehungsaufgabe" versteckt, daß er das Ich des Kindes töten muß, um ihm als willenlosen Besitz seinen Willen aufzwingen zu können.

Jesus antwortete: „Alles ist dem möglich, der glaubt".

Hier sind wir wieder mit dem Unglauben als Wurzel allen Übels konfrontiert. Solange die Eltern nicht ihren Herrschaftswillen ganz Gott übergeben haben und *Gott* überlassen, das Kind zu führen, kann grundlegend nichts geändert werden. Für

Gott allerdings ist nichts unmöglich. Genau daraufhin zielt aber Jesus Heilshandeln: Den Menschen wieder ganz Gott als Vater zu übereignen.

Sofort rief der Vater des Knaben: „Ich glaube; hilf meinem Unglauben!"

Die entscheidende Hilfe, die ich von Jesus erbitten kann, ist dies: daß er mir helfe, den notwendigen Herrschaftswechsel zu vollziehen. Nur so kann ich dem Geist, der mich besetzt hält, seine Machtgrundlage entziehen, nur so den Teufelskreis der Besessenheit durchbrechen, von Ihm durchbrechen lassen!

Jesus befahl dem stummen Geist auszufahren und nie mehr zurückzukehren. Dieser fuhr aus und der Knabe war wie tot, so daß die meisten sagten: „Er ist gestorben."

„Die meisten" haben recht, wenn wir die Situation auf der psychischen Ebene betrachten: Da der stumme Geist mein Ich vereinnahmt hatte, bin ich tot. Denn eigentlich lebte *ich* schon vorher nicht. Kein Wunder also, wenn kein Leben mehr da ist, da dieses Leben das des „Geistes" war, der in mir wohnte und mich gleichsam als Erweiterung seiner Existenz benutzt hatte („Wir haben uns ein Kind angeschafft!").

Es bedarf schon eines Neuanfangs, einer wirklichen Auferstehung, damit *ich* leben kann.

Jesus ergriff ihn bei der Hand und richtete ihn auf, und er stand auf.

Die Auferstehung geschieht. Die im Text verwendeten Worte heißen eigentlich: „Er weckte ihn auf und er er-stand" (dasselbe Wort steht im Neuen Testament für die Auferstehung Jesu!)

Weil Jesus vom Tod auferstanden ist, nachdem er bei mir blieb und meinen Unglauben trug (vgl. Mk 9, 19: „O, ungläubiges Geschlecht ... wie lange soll ich euch noch ertragen!"), kann ich aus der Gefangenschaft durch den „Geist" ausbrechen und darf leben.

B. *Lange sitzt M. mir schweigend gegenüber. Ihre Lippen sind zu einer dünnen Linie zusammengepreßt. Sie kann nicht aussprechen, was in ihr vorgeht, während Minute um Minute verstreicht. M. bleibt stumm. Endlich greift sie in ihre Tasche und holt einen großen Zettel heraus, den sie vor sich ausbreitet:*

„Ich hasse meine Eltern, die Pfarrer und Schwestern" steht darauf, in großer Schreibschrift wie von einem Schulkind geschrieben.

M. ist noch nicht so weit, um ihrer Wut anders Ausdruck zu geben. Auch das Zähneknirschen ist kaum hörbar. Aber der sie verstummen lassende Geist des Vaters hat sie im Griff. Als Kind enttäuschte sie durch ihre mangelhaften Schulleistungen und beleidigte den Vater, der für seine Familie ein bestimmtes Niveau verlangte. Stundenlang saß sie über zusätzlichen Hausaufgaben, um die Schande eines Sonderschulkindes abzuwenden.

H. erinnert sich:

Ich wurde zu meinem Vater gerufen, und da rutschte mir schon vor Angst das Herz in die Hosentasche. Er baute sich drohend vor mir auf und beschuldigte mich einer Sache, die nun wirklich nicht auf meine Rechnung ging. Er schiß mich deswegen zusammen, und es ging diesmal mit einer Ohrfeige ab.

Später erzählte ich meiner Mutter, daß ich tatsächlich unschuldig bin. Sie meinte: „Warum hast du denn nichts gesagt?" Ich glaube, sie verstand nicht, daß ich vor lauter Angst nichts sagen konnte.

Der „stumme Geist" hat verschiedene Gesichter je nachdem, wie die Lebensgeschichte verlaufen ist. Es gibt ein resigniertes, von der Angst diktiertes Schweigen, in dem die Sprache erstickt wurde, weil – wie es eine Klientin ausdrückte – es „doch keinen Sinn hatte, etwas zu antworten". Daneben treffen wir aber auch auf ein aggressives Schweigen, mit dem ich den anderen bestrafen will. In der Eheberatung ist es sehr bekannt. Dieses trotzige Schweigen läßt den Partner gegen eine Mauer anrennen, bis er ermüdet aufgibt oder „bald verrückt" wird. In jedem Fall ziehe ich mich im Schweigen auf mich zurück und teile mich nicht mit, bleibe also bei mir und weigere mich Mit-mensch zu sein.

Die Wurzeln dieser Besessenheit vom stummen Geist liegen immer in frühen mißglückten Kommunikationsversuchen. Weil ich daran gehindert wurde, mich selbst mit meinem eigenen Willen, Bedürfnissen und Gefühlen in das Lebensgespräch einzubringen, blieb ich bei mir und habe mir geschworen, dabei zu bleiben.

Die maßlose *Wut* darüber, daß ich nicht so sein darf wie ich bin, habe ich verdrängt, weil sie lebensgefährlich gewesen wäre. Die Folge ist, daß sich das Ich aufspaltet, eine Entwicklung, die in die Schizophrenie führt, wenn nicht gegensteuernde Erfahrungen das verhindern: Der Teil von mir, der nach wie vor mit der Außenwelt in Beziehung treten muß (Jung würde sagen: meine „Persona"), paßt sich den Forderungen der Eltern an, um ihre „Liebe" nicht zu verlieren. Der andere Teil baut sich seine Traumwelt auf. Er lebt in Tagträumen und Machtphantasien. In den Träumen fliegt man weit über der Erde dahin. Da ich aber zu mir selbst nur durch eine lebendige Auseinander-setzung mit der Welt – und das sind in erster Linie die Mitmenschen – finden kann, bleibe ich mir fremd. *Ich* lebe eigentlich gar nicht. Daß unser Text diesen verhängnisvollen Prozeß mit dem Unglauben in Verbindung bringt, irritiert zunächst. Es lassen sich ja offenbar ganz rationale Ursachen dafür finden. Und doch ist der Mensch immer schon Geist, vom ersten Augenblick der Zeugung an, sonst könnte der „Dämon" nicht von ihm Besitz ergreifen.

Als geschaffener Geist „weiß" ich aber in meiner eigenen Tiefe darum, daß ich mich entweder dem Schöpfer vertrauend (= glaubend) *verdanken* oder daß ich selbst wie Gott sein kann, erkennend Gutes und Böses (Gen 3, 5).

Es war Paulus, der uns erst so recht die Augen dafür geöffnet hat, daß es sich dabei aber letztlich um eine Illusion handelt, mit der wir unser Leben verfehlen und uns den Tod einhandeln (vgl. Gen 2, 17). Der Grund dafür ist der, daß der geschaffene Geist gar nicht anders kann als sich einer höheren Macht zu unterwerfen und ihr dienstbar zu werden (Röm 6, 15–23). Die Folge ist die in Röm 7 beschriebene Ichspaltung (Röm 7, 14–23). Gut und Böse aber wird uns von den Eltern, die für das Kleinkind „Götter" sind, vermittelt. *Ihr* Bild vom Menschen und vom Leben wird von uns verinnerlicht, von ihm sind wir besessen, auch wenn wir später „erst recht" das Gegenteil tun (so ist übrigens auch das unaufhörliche Reden nur eine andere Form der

Stummheit, die keinen wirklichen mitmenschlichen Kontakt zuläßt).

Diese Besessenheit von Kindheit an (Mk 9,21) kann nur durch ein „Sterben" und eine durch Jesus Christus geschenkte Auferstehung endgültig weggenommen werden. So abgrundtief sind wir unserer Her-kunft verhaftet, in diesen magischen Bannkreis gezogen, dessen lebensbedrohende Macht wir doch spüren, wenn wir an uns und unserer Unfähigkeit, zu *leben,* leiden.

Immer wieder wurde unsere Liebeskraft fast getötet, weil wir ohne Hilfe ins Feuer unserer Sinnlichkeit (die einen „Sinn", ein Ziel suchte) geworfen und dann kalt „abgeschreckt" wurden (vgl. Mk 9,22). Nur das Feuer des Geistes Gottes, den Jesus durch seine Auferstehung als „Beistand" erwirkte und das Wasser der Taufe, durch das wir zu neuem Leben gehen dürfen, kann unsere Besessenheit heilen.

2.

Die Macht der Ichhaftigkeit

Die Bindung an die Elterngötter muß früher oder später enttäuscht werden: die Mutter wird das unbedingte Vertrauen des Kleinkindes, daß sie immer für es da ist und die Einheit zwischen ihm und ihr unzertrennlich ist, eines Tages zerbrechen müssen. Die Mutter tut dem Kind weh, hat es nicht mehr lieb, bestraft vielleicht sogar.

Fritz Künkel hat die Bedeutung dieses frühen Vertrauensbruchs zwischen Mutter und Kind für die weitere Entwicklung der menschlichen Persönlichkeit wohl am deutlichsten erkannt und die Folgen beschrieben (vgl. besonders: Die Arbeit am Charakter).

Zweierlei geschieht nun, das die „Lebenslinie" entscheidend bestimmen wird: Einmal wird die Sehn-sucht nach Einheit und Anerkennung von seiten der Mutter (Eltern) durch die Enttäuschung aufrechterhalten und im Laufe der Jahre unter Umständen auf alle möglichen Ersatzmütter projiziert; sodann aber kann sich der Mensch nicht mehr als Teil einer ihn mittragenden und sinnstiftenden Lebens-ordnung entfalten, sondern er wird sich selbst (vor Leid und Enttäuschung) zu schützen trachten und die ihm aufgezwungene Angewiesenheit auf andere (für das Kleinkind eben wieder die Eltern) für sich so gut wie möglich ausnützen. Mehr oder weniger bewußt und eingestanden stehen deshalb alle Handlungen und Ziele des Menschen im Dienste seiner Ichhaftigkeit, beziehungsweise Ich-bewahrung.

Wir können diese Entwicklung, die sich in keinem Menschenleben verhindern läßt (weshalb also auch jeder der Umkehr bedürftig ist!), auch vom Angelegtsein des Menschen auf Liebe verstehen. Als Bild Gottes ist der Mensch darauf angewiesen, zu

lieben. Seine Liebesfähigkeit ist aber abhängig von der Grunderfahrung des Geliebtwerdens, wobei Liebe hier im ursprüngli-
chen Sinn als Daseins-bejahung verstanden werden muß. Weil
aber die Eltern wegen ihrer Begrenztheiten und Schwächen, ihrer Ichhaftigkeit, zu diesem un-bedingten (das heißt: *nicht an
Bedingungen geknüpften*) Ja zum Kind nicht fähig sind, gibt es
keinen Menschen, der nicht ein Defizit an Liebe hat und dieses
durch „Selbst-liebe" auszugleichen sucht.

Die ichhafte Liebe ist freilich eine Fehlform; denn sie ist nicht
zu verwechseln mit Selbst-annahme, Bejahung des eigenen Wer-
tes. Eigentlich müßte man diese Selbstbejahung Selbst-liebe nennen dürfen und ihre Abarten als Selbstverwöhnung oder
Selbsterhöhung bezeichnen. Aber der gewöhnliche Sprachge-
brauch verbietet es fast, das Wort „Selbst-liebe" ohne Mißverständnisse zu benutzen, um die notwendige Selbstannahme zu
bezeichnen.

Das Verwirrende der von der Ichhaftigkeit geprägten Verhaltensweise sich und den anderen gegenüber ist also, daß sie zwar
ein lebensnotwendiges Defizit zu beheben sucht, daß ihr das
aber nie gelingen kann, weil das Selbstwertgefühl durch die
frühe Anpassung an das Bild, wie *andere* mich wollen, entscheidend getroffen wird. Alle krampfhafte Bemühung, durch eigene
Leistung, durch Macht über andere, durch Anhäufung von Besitz diese Wunde zu schließen und ein bedingungsloses Ja zu mir
selbst zu sprechen, scheitern, weil der Wert meines Daseins mir
nur von einem anderen, der mich un-bedingt liebt, *zugesagt* werden kann.

Wir werden im Kapitel über die Bedeutung der Gefühle noch
einmal auf solche prägenden frühen Erfahrungen in unserem
Leben zurückkommen.
Hier geht es in erster Linie darum, zu verstehen, wie die Ichhaftigkeit, die das Neue Testament „Sünde" nennt, aus der Her-
kunft von anderen, auf die wir angewiesen sind (Elterngötter),
erwächst und solange unser Tun, Denken und Fühlen prägt, bis
wir umkehren.

Johannes Tauler, der bedeutende Psychologe unter dem my-
stischen Lehrern des Mittelalters hat diesen Tatbestand unter
dem Stichwort „Pharisäer" so beschrieben:

„*Diese Leute suchen in allen Dingen das Ihre, um ihre Sache ist ihnen zu tun in allen Dingen; bei Gott und bei allen Kreaturen suchen sie das Ihre. Kinder, diese pharisäische Weise zu meinen und zu suchen, die hat ihre Grundfeste so tief in der Natur, daß alle Winkel des Menschen davon voll sind, und es wäre ebenso leicht, eiserne Berge zu durchbrechen, als diese Kraft der Natur zu überwinden. Nur auf eine Weise ist darüberzukommen: das wäre, daß Gott zumal überhand nähme und die Stätte besetzte …*" (Zitat nach Ignaz Weilner, Johannes Taulers Bekehrungsweg, S. 150).

Die „Stätte" ist die Tiefe des menschlichen Herzens, die bei Tauler „Seelengrund" genannt wird. Die Begegnung mit Jesus muß notwendigerweise immer auch eine Infragestellung und Herausforderung dieser Ichhaftigkeit sein, die wir aber gerade als Christen gerne verstecken, weil wir um ihre Verkehrtheit wissen. Wenn wir uns vergegenwärtigen, wie durch die Ichhaftigkeit, die Sünde, der Mensch im Nerv, nämlich in seiner Liebesfähigkeit getroffen ist, wie seine Bestimmung als Bild Gottes dadurch verdunkelt ist, dann fällt auf die Beobachtung neues Licht, daß Jesus die Heilung dieses sündhaften Zustandes noch vor jede Heilung körperlicher Symptome stellte (vgl. Mk 2, 5 Parr.). Die Ichhaftigkeit ist ja nicht ein *moralischer* Mangel, der sich durch gezielte Belehrung beheben läßt, sondern er beeinträchtigt das Leben als solches, verhindert, daß es sich in diesem konkreten Menschen auf einzigartige Weise entfalten kann. Jede Psychotherapie, die nicht dabei stehen bleiben will, dem neurotisch erkrankten Menschen störende Symptome zu nehmen und ihn im Sinne der „Arbeitsfähigkeit" oder des „Lustgewinns" lebensfähig zu machen, wird im Laufe der Behandlung nicht umhin kommen, den Hilfesuchenden mit seiner Ichhaftigkeit zu konfrontieren und ihn damit vor seine tiefste Krankheit und Lebensschuld zu stellen, die durch Symptome und falsche Schuldgefühle verdeckt wurde.

Weil die Ichhaftigkeit „in allen Winkeln" des Menschen (Tauler) steckt und er sie vor sich selbst nicht zugeben will, ist es verständlich, daß sie besonders gründlich verdrängt und auf andere projiziert wird. Psychotherapie aus dem Neuen Testament bedeutet deshalb, sich mit solchen ichhaften Gestalten zu konfrontieren und die Projektion zurückzunehmen. Beispielhaft soll dazu in den folgenden Kapiteln auf einige dieser „Modelle" hingewiesen werden.

2.1 Ich will mich rächen
Herodes (Mt 2)

A. *Als Jesus geboren war in den Tagen des Herodes und Weise aus dem Morgenland nach Jesus als dem neugeborenen König der Juden fragen, erschrak Herodes und ganz Jerusalem mit ihm.*

Jesus wird nicht irgendwo und irgendwann geboren. Er kommt in eine Welt, die bereits vergeben ist, die Herodes schon in Besitz genommen hat.

Sein Erschrecken ist nur allzu verständlich als er erfährt, daß ihm seine Herrschaft streitig gemacht wird. Es sind da Weise, die darum wissen. – –

Ich bin Herodes. Mein Herrschaftsgebiet mag nicht sehr groß sein. Vielleicht ist es nur mein begrenztes Leben. Aber hier bin ich absoluter Herr. Hier hat mir niemand reinzureden.

Gelegentlich, etwa in einem Traum, wird mir gesagt, daß dieses „Reich" brüchig ist, daß ein anderer, Größerer Anspruch auf mein Leben, mein Fühlen, Denken und Wollen erhebt. Es ist eine Stimme, die von weit her kommt, von dort, wo das Licht die Dunkelheit zu durchdringen beginnt. Ich erschrecke. Das macht mir angst. Ich habe mich so eingerichtet wie es ist. Ich will nicht abtreten und nun Diener sein.

Herodes ließ alle Schriftgelehrten zusammenkommen und forschte sie aus, wo der Messias geboren werden sollte. Sie sagten: In Bethlehem, im Lande Juda.

Das Problem muß angegangen werden. Wie? Natürlich mit der planenden Vernunft. Es gibt offenbar einen bisher kaum oder gar nicht beachtenden Ort in meinem Herrschaftsbereich, von dem her die Gefahr droht. Die „Schriftgelehrten", Sachkundige, die sich damit befassen, nennen ihn „Beth-lehem": Haus des Brotes.

Das schlägt mir auf den Magen und die Därme. Von dort her also soll mein Herrschaftsanspruch infragegestellt sein?

Aber wer wird denn diese „Unterwelt" so wichtig nehmen?

Da rief Herodes die Weisen heimlich zu sich und horchte sie aus, wann ihnen der Stern erschienen sei. Dann schickte er sie nach Bethlehem und sagte: „Forscht nach dem Kind, und sobald ihr es gefunden habt, laßt es mich wissen, damit auch ich komme und ihm huldige."

Das Gespräch mit dieser beunruhigenden Stimme muß heimlich geschehen. Ich geniere mich, offen davon zu sprechen, ja mir selbst zuzugestehen, daß ich sie überhaupt ein Stück weit ernst nehme. Aber da sich diese Ahnung nicht einfach wegschieben läßt, lasse ich nach dem Kinde suchen.

Warum ein *Kind?* Warum lenkt die innere Stimme meine Aufmerksamkeit auf das Kind?

Wie kann ein Kind meine Herrschaft gefährden?

Und wenn es wirklich gefunden wird und sich tatsächlich als „König" erweist . . .? Ich lüge mir etwas vor: Dann werde ich den Größeren huldigen!

Seltsam, daß mir bisher entgangen war, daß die Gefahr von einem Neugeborenen, einem Baby, ausgehen soll . . .

Die Weisen brachen auf, fanden das Kind, huldigten ihm und brachten ihm Geschenke. Sie empfingen im Traum die Weisung, nicht zu Herodes zurückzukehren und Joseph, mit dem Kind zu fliehen, weil Herodes das Kind töten will.

Die leise Stimme der Weisheit gehorcht mir nicht, läßt sich nicht einspannen in meinen Versuch, die Eigenherrschaft zu sichern. Im Unterbewußtsein, ungreifbar für mich, geschieht in einem Bereich meiner Seele, der sich meinem Zugriff entzieht, die Huldigung des wahren Herrn. Das Kind entflieht, weil ich es töten will. Das Kind, das meine Herrschaft in Frage stellt, darf nicht leben.

Als Herodes sich von den Weisen hintergangen sah, geriet er in heftigen Zorn und ließ in Bethlehem und seiner ganzen Umgebung alle Knaben im Alter von zwei Jahren und darunter töten.

Daß da etwas in meinem Leben aufgetaucht ist, was sich meiner Handhabung, meinem Befehl und Willen entzieht, bringt mich in maßlose Wut. Deshalb muß eine solche Gefahr ein für allemal beseitigt, ausgerottet werden. Das Kind muß sterben. Alle Kinder in meiner Umgebung müssen sterben. Kinder, ja Kindsein als solches ist Verunsicherung, nein, Zerstörung meiner Herrschaft. Ich kann bei diesem Feldzug gar nicht bei mir bleiben und die Umgebung davon unberührt lassen. Ich muß *die Kinder* einbeziehen, die da dauernd geboren werden und mir zeigen, daß meine Ichherrschaft eine Illusion ist. Denn diese Neugeborenen greifen nach dem Leben, das ich krampfhaft festhalte und um keinen Preis hergeben will.

Ich will nicht mit ihnen teilen, ihnen nichts von mir schenken. Nicht nur dem Kind, was da im Inneren anklopft durch die Stimme der Weisen; nicht nur dem Kind unter zwei Jahren, das ich einmal war; sondern dem Kind schlechthin, diesem mich an meine Begrenzung, meinen Tod er-innernde Widerspruchszeichen, ihm muß ich sein Lebensrecht entziehen, um absoluter Monarch zu bleiben.

Es ist die verzweifelte Wut des tödlich Bedrohten, die mich dazu zwingt.

B. Es sind erschreckende Bilder, die in diesem Text vor uns auftauchen. Das kann eigentlich nicht wahr sein. Gibt es so etwas tatsächlich in meiner Seele. Ist die Macht unserer Ichhaftigkeit so groß, daß sie sogar tötet?

Eine Klientin bat mich dringend um einen Termin, weil sie einen Traum mit mir besprechen wollte, der sie in große Unruhe versetzte:

„Ich beobachte von meinem Zimmer aus, wie Terroristinnen Menschen auf geschickte Weise in ihre Gewalt bringen. Erst schaue ich gespannt zu bis ich sehe, daß sie auch meinen Mann holen. Zwei Frauen basteln eine große Rute und ich weiß, daß sie schlagen werden. Ich wache schweißgebadet auf ..."

Auf meine Frage: „Wer übt in der Familie Terror aus?" kommt nach einer Weile: „Ich", ein Einfall, über den die Klientin verständlicherweise erschrickt.

Manchmal werden die Kinder als Opfer vor Augen geführt.

Ein Klient träumte:

„Da ist ein neugeborenes Kind, um das sich einer kümmern müßte. Das Kind ist schreiend auf dem Arm meiner Frau, die aber weiß, daß sie bald sterben wird. Ich denke: Du mußt ihr das Kind abnehmen ... Wir sind dann unterwegs und kommen an einer Menschenmenge vorbei. Es hat sich ein Unfall ereignet, bei dem viele Kinder ums Leben kamen".

Warum sich die Aggression des inneren Herodes gerade gegen das Kind richtet, wird uns noch beschäftigen. Zunächst gilt es, die Aufmerksamkeit auf die Ichherrschaft als konkreten Ausdruck der Ichhaftigkeit zu richten.

Wie kommt dieses Machtbedürfnis zustande, das sich bei nicht wenigen Menschen nicht gegen andere Menschen, sondern gegen sie selbst richtet? Machtlust ist Ersatz für vorenthaltene Liebe. Kann der Mensch diese höchste Lust, geliebt zu werden, nicht genießen, dann kompensiert er diesen Mangel durch Machtausübung.

In ihr steckt immer das Moment der *Rache.* Weil ihr mich nicht liebt, beherrsche ich euch! Schwache Menschen greifen nach außen zu raffinierten Methoden, die alles andere als Machtausübung zu sein scheinen: Sie sind kränklich, schwach, hilfsbedürftig, traurig. Das diesen Verhaltensweisen innewohnende Ziel: „Jetzt müßt ihr euch um mich kümmern, ich bringe euch dran!" ist ihnen dabei freilich selten bewußt. Gerade sehr demütig erscheinende Menschen haben in ihrem Inneren ein totalitäres Regime errichtet: Sie haben sich „völlig in der Gewalt". Wie erhellend doch immer wieder die Sprache ist, um unbewußte Tatbestände ans Licht zu bringen! Die Königsherrschaft Gottes, in deren Machtbereich Jesus uns führen will, steht dieser Ichherrschaft konträr gegenüber. „Man kann nicht zwei Herren dienen" (Mt 6,24). Daß Jesus in seiner Verkündigung dies schonungslos offenlegt, fordert den tödlichen Haß des „Herodes" und „ganz Jerusalems", also aller Menschen, heraus. Er fällt ihm selbst zum Opfer.

Solange wir in der Sünde, der Ichhaftigkeit und Ichherrschaft verbleiben, können wir nicht ins „Reich Gottes eingehen". Deshalb fordert Jesus von jedem Menschen die Umkehr: „Das Reich Gottes ist nahegekommen. Kehrt um und glaubt an die Heilsbotschaft" (Mk 1, 14).

Der Glaube an die Heils(= Heilungs)botschaft Jesu, das Vertrauen darauf, daß unser Leben erst heil werden kann, wenn Gott *seine* Herrschaft in diesem Leben aufrichtet, setzt die Erkenntnis der Ichherrschaft und die Ab-kehr von ihr voraus. Da ihr Vorhandensein und ihre Wirkmächtigkeit meist unbewußt ist, muß sie in einem schmerzhaften therapeutischen Prozeß erst aufgedeckt werden.

Solange das nicht geschieht, verbergen wir sie vor uns mit Hilfe der „Schriftgelehrten". Psychologisch nennt man das: „Rationalisierung". Wir finden genug vernünftige Argumente, warum die „Weisen", die uns vom neugeborenen göttlichen König erzählen, uns eigentlich nichts Neues sagen. Wir sind ja schon „gläubig". Unheimlich wird die Sache erst dann, wenn uns ihre Stimme in den *Bauch* führt, in jenen „unehrbaren Teil" (so die frühere Moraltheologie) unseres Leibes, den wir eher als Hindernis für unsere Gläubigkeit anzusehen erzogen sind. Und doch sagt Jesus im Johannesevangelium: „Wer an mich glaubt, aus dessen *Bauch* werden lebendige Ströme des Wassers fließen." (Joh 7, 38). Hans Böhringer, der meines Wissens als einziger bisher auf diesen Wortlaut der Stelle hinweist, fügt als Psychotherapeut hinzu: „Unser Bauch soll also die Residenz des Hl. Geistes werden. Was haben wir aus ihm gemacht? Eine Deponie für unseren Seelen-Müll, der niedergehalten werden muß, weil wir ihn in unserem psychischen Haushalt nicht mehr ertragen können (in: Erneuerung in Kirche und Gesellschaft, H. 21/1984, S. 26). Haben wir schon einmal darüber nachgedacht, daß Jesus als das „Brot der Welt" in unseren Bauch, das Beth-lehem unserer leibhaftigen Existenz kommt, um uns zu heilen? Sprechen wir nicht immer wieder: „Herr, ich bin nicht würdig, daß du eingehst in mein Haus (die Worte des Hauptmanns von Kapharnaum); aber sprich nur ein Wort und *meine Seele wird gesund*"? Aber kann denn Jesus durch den Hl. Geist in unserem Bethlehem, dem „Haus des Brotes" geboren werden, ohne vom Seelen-Müll (dem Abfallprodukt der Ichhaftigkeit) erdrückt, getötet zu werden?

Die Stimme der Weisen, archetypisches (das heißt: in der menschlichen Seele angelegtes) Urbild heilend-helfender Kraft, zeigt uns das neugeborene *Kind,* selbst wiederum Symbol für die notwendige Neugeburt des Menschen, Bild für die Ganzheit des Menschen, sein „Selbst" wie C. G. Jung sagt. Aber Neugeburt heißt: vorher sterben. Kein Wunder, daß wir uns mit allen zur Verfügung stehenden Mitteln dagegen wehren. Herodes will überleben.

Aber wir waren alle einmal Kinder unter zwei Jahren und wir wissen, daß in dieser Zeit entscheidende Weichen für unser Leben gestellt wurden. Was als Seelenmüll im Bauch liegt, ist zum großen Teil verdrängtes Leid, verdrängte Wut und Traurigkeit aus den ersten enttäuschenden Liebeserfahrungen (siehe dazu Näheres in Kapitel 4). Das Kind in uns erinnert an unsere Schwäche und Abhängigkeit, unsere Verletzlichkeit und Vereinsamung, die wir durch die Ichherrschaft ja gerade überwinden wollten. Und deshalb müssen wir das Kind töten und uns an allen Kindern für das an uns begangene Unrecht rächen. In den klassischen Märchen hat die Menschheit dieses Bedürfnis in einprägsamen Bildern aufgezeigt:

„Es war eine schöne Frau, aber sie war stolz und übermütig und konnte nicht leiden, daß sie an Schönheit von jemand sollte übertroffen werden. Sie hatte einen wunderbaren Spiegel; wenn sie vor ihn trat und sich darin beschaute, sprach sie:

,Spieglein, Spieglein an der Wand,
wer ist die Schönste im ganzen Land?'"

Und als der Spiegel ihr sagt, daß das Kind, Schneewittchen, tausendmal schöner sei, beschließt sie das Kind zu töten. Zuerst schickt sie den Jäger, ihren männlichen Anteil, der zwar das Handwerk des Tötens verstand, aber sich doch von der Schönheit und den Tränen des Kindes davon abbringen läßt und der Ichhaftigkeit gegenüber zu einem Betrug greift. Die Rationalität vermag die Königin aber nicht auf Dauer zu täuschen, weil der Spiegel, der „keine Unwahrheit sprach", ihr das Fortleben des Kindes mitteilt.

„Sie erschrak", vermerkt das Märchen, *und sinnt auf neue Methoden. Mit einem Schnürriemen will sie das Mädchen erwürgen, danach mit einem Kamm töten und einem Apfel vergiften. Es sind jetzt*

typisch weibliche Waffen, die sie einsetzt: Schnürriemen aus bunter
Seide, um sich als Frau vorteilhaft in Szene zu setzen; ein Kamm,
um den Haarschmuck noch zu verschönern; endlich den Apfel, die
Frucht als Zeichen der Liebe („Liebesapfel"). Es ist scheinbar Liebe,
die doch töten will.

Als der Spiegel ihr nach der mißglückten Kammaktion verkündet,
daß das Kind noch lebt „zitterte und bebte sie vor Zorn.
,Schneewittchen soll sterben', rief sie, ,und wenn es mein eigenes
Leben kostet'"...

In diesem Märchen, dessen reiche Symbolik hier nur angedeutet werden konnte, wird der Tötungswunsch auf dem Grund der
Ichherrschaft ungeschminkt vor Augen geführt. In ihm verdich-
ten sich viele individuelle Träume und Phantasien desselben Inhalts.

Aber auch die nach außen, in die Umgebung greifende Ver-
nichtungswut gegenüber den Kindern, die in immer neuen
Grausamkeiten Gestalt gewinnt (vgl. Helfer/Kempe, Das geschlagene Kind), ist ein Spiegel, der uns in die furchtbare Wut
blicken läßt, die das Kind der infrage gestellten Ichherrschaft
entlockt. Daß dieser Tötungswille – der nicht nur da sein Ziel erreicht, wo das Kind unter Schlägen oder durch andere Angriffe
stirbt – letztlich auf Gott selbst zielt, der Kind geworden ist, will
uns der Text Mt 2 lehren. Solange wir das Kind in uns und seine
Leidensgeschichte als Teil unseres Lebens nicht wahr-nehmen
(vgl. H. Jaschke, Und nahm sie in seine Arme, Bd. 2, S. 22 ff;
Lit.), bleibt der Größenwahn des inneren Herodes ungebrochen.

2.2 Ich bin der Größte
Der Rangstreit der Jünger (Mk 9, 33–35)

A. *Jesus fragt seine Jünger: „Worüber habt ihr unterwegs gespro-*
chen?" Sie schweigen. Sie hatten nämlich unterwegs miteinander ge-
stritten, wer der Größte sei.

Ein peinliches, ein betretenes Schweigen. Die Frage Jesu enthüllt gleichsam erst, wie beschämend dieser Streit über diese
Frage eigentlich ist. Vorher schien das nicht aufgefallen zu sein.

Das Ausmaß der Ichhaftigkeit, das in dem Anspruch, der Größte zu sein, zum Ausdruck kommt, wird somit erst vor dem Hintergrund der Jesusfrage deutlich. Wenn wir genauer hinblicken, ist es freilich nicht die Frage, sondern die *Person* Jesu, die das Schweigen auslöst. *Vor ihm* wird der Streit um den ersten Platz in der Weltrangliste zu einer beschämenden Angelegenheit. Sonst ist das keineswegs so. Im Gegenteil: „Oben" und nicht „unten" zu sein kostet uns einen großen Teil unserer Energien. Wenn ich der Größte bin, brauche ich mir von niemandem etwas sagen zu lassen, weil niemand über mir steht. Dazu werde ich noch gefeiert. Was wäre der Sport ohne die „Größten"?

Allerdings: Es ist nicht schicklich, das so vor anderen zu zeigen, daß ich der Größte sein will, besonders solange nicht, als ich noch nicht ganz oben bin. Es gehört sich nicht, sich zuerst zu nennen, den vordersten Platz einzunehmen und sich verehren zu lassen.

Aber die zur Maske gewordene „Demut" ist nur ein Mittel zum Zweck. So kann ich besser nach oben kommen.

Da setzte er sich, rief die Zwölf und sprach zu ihnen: „Wenn einer ein Erster sein will, muß er der Letzte von allen und der Diener aller sein."

In recht feierlicher Weise nimmt Jesus zu dieser Angelegenheit Stellung. Doch bevor wir uns ihr zuwenden, gilt es, einen bemerkenswerten Einzelzug des Textes wahrzunehmen: Jesus weiß um den Gegenstand des Jüngerstreites, obwohl die Gefragten schweigen. Für ihn ist es also ein „beredtes" Schweigen oder, um im Volksmund zu reden, er sieht es ihnen an der Nasenspitze an. Wichtig ist vor allem zu erkennen, daß Jesus um die Macht der Ichhaftigkeit im Menschen weiß und nicht der Meinung ist, sie durch Kritik und Schelte aus der Welt schaffen zu können (Fragen wir uns doch zwischendurch einmal, wie wir einem Kind gegenüber reagiert hätten, das auf eine peinliche Frage schweigt?). Was Jesus im folgenden dann jedoch als „Grund-Satz" verkündet, ist eine Umwertung aller Werte, wie sie in einer Welt gelten, in der die Ichhaftigkeit selbstverständliche Norm ist. Denn obwohl Jesus offensichtlich das Bestreben des Menschen, „ein Erster" sein zu wollen akzeptiert, so ist seine Schlußfolgerung alles andere als „logisch". Tatsächlich bekommen die Worte doch einen ganz anderen Sinn untergeschoben: Um – im Sinne Jesu – der Erste zu sein, muß ich – im Sinne der Ichhaftigkeit – der Letzte sein. In der Konsequenz heißt das dann aber, daß mein „natürliches" (= ichhaftes) Denken und Werten nicht mehr gilt und meine gewohnten Maßstäbe zerbrechen. Ich muß also völlig umlernen.

B. Wir dürfen den Evangelisten dankbar dafür sein, daß sie die Macht der Ichhaftigkeit nicht nur an einem Herodes, sondern auch an den ersten „Christen", den Jüngern, so unbarmherzig aufzeigen. Denn so erleichtern sie uns, die Projektion des Machtstrebers auf die anderen zurückzunehmen und als Betroffene zu schweigen statt zu verurteilen.

Tatsächlich dürfte im kirchlichen Bereich die uneingestandene und deshalb unbewußt um so raffinierter geübte Machtbesessenheit eine besondere Rolle spielen.

Ein in der Gemeinde engagierter Mann, der bei allen, die ihn kennen, durch sein bescheidenes, zurückhaltendes Wesen angenehm auffällt, träumt in bestimmten Abständen:

„Ich habe eine Audienz beim Papst, zusammen mit dem Bundeskanzler und unterhalte mich mit ihnen …"

Kirchliche und politische Würdenträger sind in dem vorgenannten Traum auswechselbar. Entscheidend ist, wie der Leser leicht erkennt, wie der Traum die verdrängte „andere Seite", den „Schatten", zeigt und den Mann auf seine Aufgabe hinweist, dieses Bedürfnis „oben" zu sein, als zu ihm gehörend anzunehmen.

Warum ist auch und gerade bei den Christen (nicht nur in Klöstern) dieses Machtstreben so gut versteckt, zumindest für den, der diese Macht unbewußt doch ausübt?

Der entscheidende Grund ist sicher der, daß zum in der Erziehung vermittelten Bild des „guten Christen" nichts so wenig paßt wie Machtausübung. Demut und Bescheidenheit, Dienst am Nächsten vor allem zeichnen den Christen aus, besonders das kirchliche Amt, von dem Jesus ausdrücklich gewollt hat, daß es Dienst sei. Kein Wunder also, daß ich schamrot werde, wenn mich jemand dabei ertappt, daß ich der Erste sein will. Denn genau dies zu verbergen und doch – von der Ichhaftigkeit geradezu zwanghaft getrieben – genau das zu wollen, macht ja einen nicht geringen Teil meines unbewußten Konflikts aus, für den ich viel Kraft brauche.

Weil Jesus die neuralgischen Punkte versteckten Machtgebrauchs kannte, hat er das Amt des Vorstehers ausdrücklich als Dienstfunktion für das Ganze vor Augen gestellt. Deswegen darf ja der ichhafte Mißbrauch des Amtes als Machtausübung nicht bewußt werden, weil ich dann „so ein schlechtes Gewissen" habe; denn es widerspricht dem Wort Jesu, ist unter Umständen „Sünde", kurz: es macht es schwierig, das Ichideal des guten Christen (Priesters, Ordensmannes, Pfarrgemeinderats …) aufrechtzuerhalten.

Zwar verurteilt Jesus nach Mk 9,33 ff, niemanden; aber das hindert wenige Christen, sich selber zur „Schnecke zu machen", wenn sie sich doch einmal zu deutlich als solche erleben, die ganz vorne sein wollen. Ihre „Reue" ändert nur meistens gar nichts, weil die tiefere Wurzel dieses „Ausrutschers" nicht erkannt wird, so daß der Macht-Schatten immer wieder im unrechten Augenblick störend die sorgfältig gezogenen Kreise der Bescheidenheit durchkreuzen wird.

Wo denn muß eine Korrektur ansetzen, die aus dem betroffenen Schweigen heraus erfolgen soll?

In therapeutischen Gesprächen über Situationen, in denen das Verlangen, der erste zu sein, durchbrach und vor allem über Träume kann uns bewußt werden, wie sehr dieses Streben nicht ein Zeichen unserer notwendigen Ichstärke, Selbstbehauptung ist, sondern das genaue Gegenteil.

Wir kennen als typische Situation heute alle das Autofahren: Ich ärgere mich, daß ein anderer mich überholt und muß ihm zeigen, daß mein Wagen mindestens genauso schnell oder noch schneller ist. Schon bei Kindern ist recht gut zu beobachten, wie sie beim Spiel oft lieber abseits stehen als nicht Erste zu sein. Verlieren ist für ichschwache Kinder eine Beeinträchtigung ihres ichhaften Selbtgefühls, das sie nur durch zerstörerische Macht (etwa das Umwerfen des Spiels) kompensieren können: Wenn ich nicht vorne bin, soll überhaupt niemand spielen.

Träume führen, wie oben schon angedeutet, noch weiter, weil sie in teilweise recht drastischen Bildern das unbewußte Machtstreben enthüllen. Freilich bin ich hier gefragt, ob ich die Botschaft wirklich hören will; denn „es war ja nur ein Traum", für den ich nichts kann. Tatsächlich? Bin ich für meine „Kellerräume" nicht verantwortlich? Wenn jeder Winkel meines Hauses voller Ichhaftigkeit steckt, wie Tauler meint, kann ich zur Wahrheit meines Lebens nur kommen, wenn ich den Gang dorthin wage und vor dem unangenehmen Geruch nicht zurückschrecke. Der Therapeut will ja dabei begleiten; denn eine solche Entdeckung macht angst: Wenn es so in mir aussieht, kann ich mich denn dann noch bejahen?

Jesu therapeutische Intervention setzt hier an: Nicht „auf dem Weg" wendet er sich an die streitenden Jünger, sondern er wartet, bis sie „im Hause angelangt" waren. Mit Bedacht ist als Ort seiner Unterweisung „Kaphar-naum" gewählt, der „Ort des Trostes" und das Haus, dort wo man sich aufgehoben weiß und intim miteinander reden kann. Denn sich und seine Gegenwart wendet er ihnen zu, bevor er zur Sache kommt.

Damit ist der Stellenwert der folgenden Weisung bestimmt und von jeder rechthaberischen „Belehrung" abgegrenzt. Was dann folgt, ist allerdings keine Diskussion, sondern ein Grundsatz: „Wenn einer ein Erster sein will, muß er der Letzte von allen und Diener (Diakonos) aller sein" (9,35).

So ist das und so ist es richtig.

Was vermag *Sprache* in der Therapie? Was kann sie verändern? Das ist eine offene Frage, die immer wieder neu bedacht werden muß und worauf die Antwort sehr schwierig ist. Wir müßten eine ganze Sprachphilosophie entfalten, um der Frage auf den Grund zu gehen. Zweifellos gehört das bevollmächtigte Aussprechen von Sätzen ganz bestimmten Inhalts zum Heilshandeln Jesu und ist daraus nicht wegzudenken. Es steht freilich immer im Zusammenhang mit seinem Tun. Unstrittig ist ferner, daß Jesu Worte Wirklichkeit setzen und verändern, wo sich der Angesprochene darauf einläßt.

Für unseren Fall bedeutet dies etwa folgendes:

Hinter dem „Der-erste-sein-wollen" des ichhaften Menschen steht eine Lebenskraft, die zum Streben nach Glück, Erfüllung und Entfaltung gehört. In diesem Sinne bedeutet „der-Erste-sein-zu-wollen", daß ich das Ziel meines Lebens selbst-bewußt anstrebe und um meinen Auftrag weiß. Paulus kann in diesem Zusammenhang von Siegespreis sprechen, den nur der Erste gewinnt. Aber unsere Ichhaftigkeit verfälscht die Richtung: Wir wollen der Erste und Einzige sein auf Kosten und in Konkurrenz zu den anderen. Wir können aber nur einzig-artig sein, wenn wir dem Ganzen dienen. Das bedeutet, daß wir im Maßstab des ichhaften Wettlaufs um die Macht der letzte sein müssen. „Wer sein Leben verliert, der wird es finden" (Mt 10,31) meint dasselbe. Um-denken ist not-wendig. Aber es muß uns durch Jesu Lebens- und Liebeszusage zunächst ermöglicht werden, die Macht der Ichhaftigkeit als lebensfeindlich zu erkennen.

2.3 Ich bin auf niemanden angewiesen
Pharisäer (Mt 23, 1–28)

A. *Jesus sprach über die Schriftgelehrten und Pharisäer: „Alles, was sie euch sagen, tut, aber nach ihren Werken handelt nicht; denn sie reden zwar, handeln aber nicht. Sie binden schwere Lasten zusammen und laden sie den Menschen auf die Schultern, selbst aber wollen sie keinen Finger krümmen, um sie zu bewegen. Alle ihre Werke aber tun sie, um von den Menschen gesehen zu werden.*

Wenn ich in diesen Spiegel schaue, den Jesus uns hier vorhält, wird mir die Maske abgenommen und ich blicke in ein Gesicht, das ich nicht mag.

Drei Züge sind es, die ich entdecken muß:

Die ärgerniserregende Differenz zwischen Reden und Handeln. Ich tue das nicht, was ich sage, vor allem: zu anderen sage. Was ich in großen Worten von mir gebe, ist richtig und vielleicht sogar eindrucksvoll. Aber wehe, wenn die anderen genau hinschauen, wie es in meinem Leben aussieht, ob mein Tun denn dem entspricht, was ich da alles weiß.

Sodann: Ich habe einen so scharfen Blick für das, was andere tun sollten, mit welchen Aufgaben sie sich zu befassen hätten und welche Verantwortung sie endlich auf sich nehmen sollten. – Aber wie steht es mit dem Päckchen, das schon lange darauf wartet, daß ich es endlich übernehme? Und welche raffinierten Ausflüchte habe ich erfunden, um die Verantwortung für den (die) Allernächste(n) nicht zu sehen?

Ich beginne mich unwohl zu fühlen und mich zu wehren: Bin ich nicht sehr aktiv, gerade auch im religiösen Bereich, in der Pfarrei (Gemeinde), im „Gebetsleben", in caritativen Aktionen? „Das tust du nur, weil du ichhaft bist und von den anderen und dir selbst gelobt werden willst. Du tust es nur scheinbar für Gott oder aus Liebe zum Nächsten. Du brauchst es zu deiner Selbstbestätigung."

So sagt es mir Jesu Wort und fordert mich auf, Gewissenserforschung zu treiben, um die wirklichen Motive meines Handelns im Herzen aufzuspüren und die Selbsttäuschung und Lüge fallen zu lassen.

Wehe euch, ihr Heuchler! Ihr verschließt das Himmelreich vor den Menschen. Denn ihr selbst kommt nicht hinein, und die, die hinein wollen, laßt ihr nicht hinein.

Das „Wehe" ist mir schon begegnet, unwillkürlich eigentlich, als ich mir vorstellte, die Menschen könnten mein Reden mit meinem Tun vergleichen.

Nun kommt es von Jesus direkt auf mich zu, indem es das vorher Genannte beim Namen nennt: Heuchelei!

Wenn mein Reden und Handeln so total von meiner Ichhaftigkeit bestimmt sind, dann bin ich ja ein großer Schauspieler, der es vorzüglich versteht, sich und die anderen zu täuschen über das „wie es da drinnen aussieht". Das geht nicht nur niemanden etwas an, sondern ich will es selber nicht wissen, solange meine Theatervorstellung gelingt! Doch was tue ich da, wenn ich bete und vorne in der Kirche sitze, um gesehen zu werden (vgl. Mt 23,5), wenn ich von Gott rede, aber gott-los handle?

Ich versperre denen, die auf mich schauen – vielleicht meine Kinder, meine Schüler(innen), meine Kollegen(innen) – den Zugang zu Gott. Sie werden durch mich in die Irre gehen. „Gläubigkeit ist also Heuchelei", sagen sie sich und wenden sich ab.

Warum tue ich das? Die Antwort Jesu beunruhigt und beschämt mich, wenn ich sie überhaupt an mich heranlassen kann: „Aus Rache! ... Du spürst genau, daß du mit deiner ‚Schein-heiligkeit' nicht die Gestalt deines Lebens finden kannst, die von Gott gewollt ist und deren Vollendung bei Gott die Menschen „Himmel" nennen. Aber damit nicht genug; denn du willst mit dieser Lüge nicht alleine bleiben und deshalb sollen auch andere nicht in den Himmel kommen. Das ist die pervertierte Solidarität!:

„Denn ihr reist über Meer und Land, um einen einzigen Proselyten zu machen und wenn er gewonnen ist, dann macht ihr aus ihm einen Sohn der Hölle, der doppelt (so schlimm) ist wie ihr" (Mt 23, 15).

Wehe euch, blinde Führer ..., ihr Toren und Blinden! Ihr Blinden! (vgl. Mt 23, 16–22)

Meine Blindheit wird mir geradezu eingehämmert in diesem Abschnitt der Jesusrede.

Habe ich denn keine Entschuldigung für mein Blindsein? Bin ich nicht arm dran und eher bemitleidenswert? Ich befürchte, daß meine Ausrede nicht verfängt. Ich *will* nicht sehen, daß ich zwar die Buchstaben des Gesetzes kenne, aber dieses Gesetz so auslege, daß es zu meinem Vorteil dient. Wieder durchkreuzt meine Ichhaftigkeit meine Fähigkeit, hinter den Worten des Gesetzes Gottes Willen zu erkennen.

Dennoch, ich gebe nicht auf. Ist nicht meine Blindheit auch „Schicksal"? Nun bin ich eben blind und damit hoffnungslos unfähig, das zu sehen, was not-wendig wäre. O Herr, Jesus Christus, ist dein „Wehe" das letzte Wort?

Wehe euch, ihr Heuchler! Ihr gebt den Zehnten von Minze und Dill und Kümmel, aber das Wichtigste vom Gesetz schiebt ihr beiseite: die Gerechtigkeit und das Erbarmen und die Treue.

Wohin führt mich das nächste „Wehe"?

Richtig: Ich tue doch meine Pflicht, das was die Gebote verlangen, zum Beispiel den Zehnten zu geben.

Genügt das nicht? Tue ich nicht alles, was geboten ist? Das Wichtigste würde ich übersehen, meint Jesus: Gerechtigkeit, Er-

barmen, Treue. Aber was ist das eigentlich? Sind es nicht lediglich große Worte, während ich Konkretes tue? „Erbarmen" ...
Wie soll ich mir das vorstellen, einmal für mein Erbarmen vor
Gott Rechenschaft abzulegen? Kann man mir damit nicht allzu
leicht eine Falle stellen? Ich will mir nicht vorstellen, auf das Erbarmen eines anderen angewiesen zu sein, ich will klare Verhält-
nisse schaffen. Niemand soll mir nachsagen können, daß ich
meine Pflicht nicht getan habe. Wo kann ich denn in dieser Welt
auf Erbarmen rechnen? Nein, nein, da hat man mich in der
Hand. Ich will auf niemandes Erbarmen angewiesen sein und
mute das auch anderen nicht zu. Die Leute bekommen von mir,
was recht und billig ist. Von „Treue" will ich schon gar nicht reden ...

*Wehe euch, ihr Heuchler! Ihr reinigt das Äußere von Becher und
Schüssel, immer aber sind sie voll von Raub und Unmäßigkeit ...*
*Wehe euch, ihr Heuchler! Ihr gleicht getünchten Gräbern, die von
außen schön aussehen, innen aber sind sie voll von Totengebeinen
und aller Unreinheit. So erscheint ihr auch äußerlich den Menschen
als Gerechte, innerlich aber seid ihr voll von Heuchelei und Gesetz-
losigkeit.*

„Wie's da drinnen aussieht, geht niemanden etwas an." Ich
sagte schon, daß ich es nicht wissen will. Nun ist mir klar,
warum. Meine ganze Hohlheit kommt zum Vorschein, wenn die
Fassade, die „Übertünchung" wegfällt. Aber eben nicht nur die,
sondern mein Inneres ist voll von Totengebeinen. Welches
schauerliche Bild! Was ist in mir längst abgestorben und ich
habe es nicht wahr-genommen, weil die Übermalung zu perfekt
war, die Maske zu meiner „zweiten Natur" geworden war?

Mein „Äußeres" habe ich ja immer gereinigt; schließlich
beichte ich regelmäßig; aber auf mein gestohlenes Raubgut und
meine Unmäßigkeit stieß ich dabei nicht.

Wie sollte ich den Menschen, mir selbst zuerst, nicht als „Gerechter" erscheinen? Wer hätte mir denn den Schleier lüften sollen, ohne daß ich ihn wegen Beleidigung verklagt hätte?

B. Diese „Pharisäerschelte" bei Matthäus hat es in sich. Sie ist das Kernstück einer Psychotherapie, die als ersten Schritt zur Heilung die Einsicht in den wahren Zustand meines Herzens verlangt. Diese Selbsterkenntnis war uns solange verwehrt, als wir diesen Text historisch lasen: als Rede Jesu, bzw. der Urgemeinde, gegen die Juden, vertreten durch ihre geistlichen Führer. Das hatte zur Folge, daß wir nicht nur uns davon nicht betroffen fühlten, sondern auch, daß wir uns erst recht als „Gerechte" empfanden, weil wir auf diese Pharisäer alles das projizieren konnten, was nicht zum Bild des Christen paßte. Bei keinem Text ist die Versuchung so groß, ihn auch weiterhin „historisch-kritisch" zu interpretieren wie bei diesem. Denn was er uns als Spiegel vorhält, ist demütigend und niederschmetternd.

Ein Mann in mittlerem Lebensalter sucht Hilfe, weil ihn unter anderem immer wieder Zwangsgedanken plagen: Obwohl er nicht nur an seiner Frau hängt, sondern auch auf sie angewiesen ist, kommen ihm „Ehebruchsgedanken", wenn er andere Frauen sieht oder gar in der Straßenbahn „aus Versehen" das Knie einer weiblichen Person berührt. Dabei gibt es bei ihm zuhause keine Zeitschrift mit „solchen Bildern" und an jedem Kiosk geht er mit geschlossenen Augen vorbei. Den Gedanken, auch in ihm, dem kirchentreuen Katholiken, könnten ehebrecherische Wünsche zu finden sein, die er sich aber nicht zugestehen dürfe, kann er nur mit einem ungläubigen Lächeln beantworten.

Warum sperrt sich der genannte Klient so gegen den Blick in seine dunkle Seite? Die auf der Hand liegende Erklärung des Psychoanalytikers, daß eben diese Triebregungen so sehr verdrängt wurden, daß sie nicht mehr ins Bewußtsein treten dürfen, ist kausal richtig, aber sie bleibt oberflächlich, weil der Mensch mehr als ein „Triebwesen" ist. Er ist Geistperson und als solcher stehen hinter Triebschicksalen Entscheidungen, selbst wenn diese nicht mehr bewußt sind. Was macht nun die Geisteshaltung des Pharisäers aus? Warum muß er ein „Heuchler" sein? Die Antwort liegt in seinem *Gottesbild* begründet, das notwendig zum Menschen gehört, insofern er nach sich selbst als endlichem, das heißt von Geburt und Tod umschlossenen Wesen fragt, insofern er spürt, daß er sein Leben ver-antworten muß.

Dem Pharisäer hat die Macht der Ichhaftigkeit folgende Devise (Lebenslinie) gegeben: „Verhalte dich so, daß du auf niemanden angewiesen bist! Nur so kann dir nichts passieren." Es ist leicht zu verstehen, aus welchen Erfahrungen des Kindes ein solches Leitbild entsteht: Auf andere (Eltern) angewiesen zu sein bedeutet Abhängigkeit, Enttäuschung, Schmerz. Wenn ich mich so verhalte, wie „man" es tun muß, kann mir niemand an den Kragen. Der andere hat keine Handhabe, mich zu tadeln oder zu bestrafen, zum Beispiel mir seine Zuwendung zu entziehen. Der Pharisäer überträgt dieses Verhaltensmodell auf Gott: Wenn ich seine Gebote halte und mir hier nichts zuschulden kommen lasse, kann Gott mir nicht zürnen und mich nicht verurteilen. So gehe ich auf Nummer Sicher, wenn es um die entscheidende Rechtfertigung meines Lebens im ewigen Gericht geht.

Daß als Folge dieses Grundsatzes alle Regungen in mir, die den Geboten widersprechen, möglichst vollständig unterdrückt werden müssen, liegt auf der Hand. So entsteht die Blindheit gemäß dem Satz Morgensterns: „Weil, so schließt er messerscharf, nicht sein kann, was nicht sein darf."

Wie lange es ohne ernsthafte Störungen der körperlich-seelisch-geistigen Gesundheit geht, ist individuell verschieden und hängt davon ab, wie früh und wie perfekt diesem Leitbild gefolgt wird.

Aus der psychotherapeutischen Praxis heraus muß gesagt werden, daß die *Beichte* hier unter Umständen verheerende Wirkungen anrichten kann. Dieses Reinigen des Äußeren, um die „Becher und Schüssel" blitzblank zu halten, ändert verständlicherweise gar nichts und verhindert eine echte Umkehr geradezu. Hier braucht es den Mut, in den Spiegel zu schauen, den Jesus uns im Mt 23 vor Augen hält und hinter die Fassade des Idealbildes vom vorbildlichen Christen, Ehemann und Familienvaters zu schauen, um zu entdecken: Da bin ich gemeint!

Ein Familienvater, der bewußt eine sehr gute, vertrauensvolle Beziehung zu seiner halberwachsenen Tochter hat, träumt:

„Ich liege mit meiner Tochter im Bett und habe einen Samenerguß, den ich schnell verbergen will, als meine Mutter zur Tür hereinkommt.

Nachher sind auch noch andere Familienmitglieder da, die alle wissen, was los ist; aber niemand redet offen mit mir darüber."

Die Botschaft eines solchen Traumes wahr-zunehmen, ist nicht leicht, zeigt sie doch, daß unter der Tünche des bewußten vorbildlichen Vaterseins sich das „Totengebein" der verinnerlichten Mutter ebenso zeigt wie die „Unreinheit".

Jesus will uns diesen Blick ins Innere offensichtlich nicht ersparen, wenn wir es mit der vielberedeten Umkehr ernst meinen. Er, der gekommen ist, um die Kranken zu heilen und die Sünder zu berufen (Mk 2, 17), kennt unser Herz und weiß, daß es mit dem rituellen Sündenbekenntnis der Gemeinde genausowenig getan ist wie mit der regelmäßigen Beichte, in der wir unsere „Unzulänglichkeiten" aufsagen.

Aus dem Vorausgegangenen wird aber auch hinlänglich klar, daß es nun nicht darum gehen kann, mich als großen Sünder zu bekennen und für einen abgrundbösen Kerl zu halten oder einen anderen zu diesem Bekenntnis zu bewegen. Das ist nur eine neue Form der Selbsttäuschung und setzt die Heuchelei fort, solange das alte Gottesbild in Kraft ist. Denn solange der strafend-verurteilende Richtergott, gegen den ich mich durch perfekte Gebotserfüllung abzusichern trachte, auf seinem Thron sitzt, habe ich ja keine Chance und so werde ich es doch nicht ganz so ernst meinen und rasch wieder versuchen, diesen „inneren Schweinehund" in den Griff meiner verzweifelten Anstrengung, tadellos zu sein, zu bekommen. Das heißt aber: Nur wenn ich Jesu Rede gegen die Pharisäer im Zusammenhang seiner Botschaft vom ankommenden Reich Gottes verstehen lerne, daß nämlich in Jesus dieser Gott als einer auf mich zukommt, der „das geknickte Rohr nicht zerbricht und den glimmenden Docht nicht auslöscht" (Mt 12, 20), der mir, dem unter die Schweine Geratenen, den Ring des Sohnes an die Hand steckt (Lk 15, 22), nur dann werde ich es wagen können, in den Spiegel von Mt 23 zu schauen, ohne mich zwischen nutzlosen Selbstanklagen und fortgesetzter moralischer Anstrengung aufzureiben.

2.4 Ich bringe mich um, weil ihr mich nicht liebt
Der Besessene von Gerasa (Mk 5, 1–9)

A. *Als Jesus aus dem Boot gestiegen war, kam ihm einer aus den Grabhöhlen entgegen, der einen unreinen Geist hatte. Der hauste in den Grabhöhlen, und nicht einmal mit Ketten vermochte ihn noch jemand zu fesseln; denn er war schon oft mit Fußfesseln und Ketten gebunden worden. Aber er hatte die Ketten gesprengt und die Fußfesseln zerrieben. Und niemand war imstande, ihn zu bändigen.*

Als rechne der Text mit dem ungläubigen Kopfschütteln des Lesers (Hörers) angesichts des hier berichteten Zustandes des „einen aus den Grabhöhlen", so nachdrücklich weist er wiederholend auf alle vergeblichen Versuche hin, den Besessenen zu bändigen.

Welch' herkulesartige Kraft ist hier am Werk! Aber in wessen Dienst steht sie?

Offensichtlich hat ein „unreiner Geist" von dem Menschen Besitz ergriffen, ihn be-setzt. Halb freiwillig, halb gezwungen wurde die Grabhöhle zu seiner Wohnstatt, doch ohne ihn dort zur Ruhe kommen zu lassen.

Ich könnte das Problem dieses Menschen den Medizinern und Psychiatern überlassen – das Neue Testament als interessante Quelle der Medizingeschichte –, wenn nicht so beunruhigende Anklänge an Jesu Charakterisierung der Pharisäer (Mt 23; vgl. 2.3) zu vernehmen wären:

„Ihr gleicht getünchten *Gräbern,* die von außen schön aussehen, innen aber voll sind von Totengebeinen und aller *Unreinheit."* (Mt 23, 27)

Dort stellte sich mir die Ichhaftigkeit als Heuchlei dar, die den inneren Zustand verbirgt. Hier ist die Fassade weg! Unter der Tünche in den Gräbern herrscht der Geist der Unreinheit mit wilder, un-bändiger Wut.

Immerfort, bei Tag und bei Nacht, war er in den Grabhöhlen und auf den Bergen, stieß Schreie aus und zerschlug sich mit Steinen.

Es gibt keinen Aus-weg für den Menschen, der von der Macht der Ichhaftigkeit völlig be-sessen ist. Er hat sich isoliert von jeder Gemeinschaft und wird hin- und hergetrieben zwischen den Extremen: einmal ganz unten (Grabhöhle), dann „verstiegen" in schwindelnde Höhen (Berge).

Ein wenig kenne ich diese „Dialektik" aus meinem Erleben: himmelhoch jauchzend, zu Tode betrübt, high and down, voller Illusionen und völlig deprimiert ...

Dieser „unreine Geist" scheint sich zum Extrem zu steigern und mir die Fähigkeit zu rauben, zu diesen „Stimmungen" Stellung zu nehmen und mich zu fragen: Was ist das, was dich so niederdrückt? –

Wohin willst du denn „abheben"?

Nein, zu einem vernünftigen Handeln ist der Besessene erst nach der Begegnung mit Jesus wieder fähig (Mk 5,15). Jetzt kann er sich nur spüren, indem er seine Wut und seinen Schmerz hinausschreit und sich selbst mit Steinen zermartert (5,5).

Mit aller Macht richtet er seine „Aggression" auf sich selbst: er steinigt sich und vollzieht an sich die Todesstrafe. Nur so kann er sich überhaupt noch erleben, das heißt: er kann nur leben, indem er sich ver-nichtet.

Betroffen stehe ich vor diesem Bild des Menschen, der diesem „unreinen Geist" ausgeliefert ist und sich vor den Augen der aus der Ferne zuschauenden Mitmenschen zerstört. Was muß da vorher schon alles kaputtgegangen sein, bis dieser Akt des Dramas abläuft?

Als er nun Jesus von Ferne sah, lief er und warf sich vor ihm nieder und schrie mit lauter Stimme: „Was habe ich mit dir zu tun, Jesus, Sohn des höchsten Gottes? Ich beschwöre dich bei Gott: Quäle mich nicht!" Denn er hatte zu ihm gesagt: „Fahre aus, unreiner Geist, aus dem Menschen!" Und er fragte ihn: „Wie heißt du?" Und er sagte: „Ich heiße Legion. Denn wir sind viele!"

Jesus kommt zu ihm, er nähert sich den Grabhöhlen. Er nimmt den Kampf auf mit dieser Todesmacht, die den Menschen im Würgegriff hat.

Wann begreifen wir, daß nur *Er* dies kann?

Dieser Geist der absoluten Ich-Besessenheit hat ein Gespür

dafür, was göttlich ist; denn er hat sich selbst die Gottgleichheit angemaßt. In Jesus begegnet ihm der Größere, von ihm sieht er sich in seinem Machtanspruch bedroht. Aber weil er sich zum „Gegen-Gott" erhoben hat, kann er auch Jesu Handeln nur im Schema von Sieg und Niederlage denken: „Quäle mich nicht." Was hat man seinen besiegten Feinden nicht alles an raffiniert ersonnenen Qualen im Laufe der Geschichte schon zugefügt?

Oder ist da noch etwas anderes? Kommt in dieser Bitte etwas zum Vorschein von dem, was den Menschen Schritt für Schritt in die selbstzerstörerische Ichhaftigkeit hineintrieb? – – –

Jesus fragt nach seinem Namen und damit nach seinem Wesen. Und da zeigt sich, daß dieser Mensch aufgesplittert ist, jede Mitte verloren hat. Er ist „schizophren", innerlich total zerrissen.

Wie heilt Jesus?

Ist sein Machtwort wirklich zu begreifen in der gewohnten Denkweise von „mächtig" und „schwächer"? Siegt lediglich der mit reicheren Machtmitteln Ausgestattete über den, der weniger besitzt? Ein Kampf der Götter?

Mir kommen da Zweifel, wenn ich daran denke, daß nicht nur der Besessene „mit lauter Stimme" schreit, sondern auch Jesus selbst (Mk 15, 37). Sollte eine Antwort auf Jesu Heilmacht erst aus der Betrachtung seines Leidensweges aufleuchten? ...

B. Wenn wir nicht wagen, in den Spiegel unserer Ichhaftigkeit zu schauen, dann kann ihre Macht zur Katastrophe der Selbstzerstörung führen. Wie ist das möglich?

Um diese Entwicklung zu verstehen, genügt das Konzept des Menschen als „Triebwesen" nicht mehr. Wir müssen zur Kenntnis nehmen, daß wir *geistige* Wesen sind und die letzten Entscheidungen über Leben und Tod, über unseren Wert und Unwert im geistigen Bereich fallen. Hier gilt das Gesetz, das schon Max Scheler klar formuliert hat: Der Mensch *muß* sich einem Absoluten unterwerfen, ob er will oder nicht, ob er es weiß oder es verleugnet. Deshalb ist der Rückzug auf das Ich und seine Alleinherrschaft nur scheinbar ein Weg in die Freiheit. Denn was möglicherweise als Gehorsamsverweigerung und

Drang nach Unabhängigkeit begann, das endet in extremster Sklaverei. Der Geist, dem ich mich dabei ausliefere, wenn ich mich und meine Ansprüche zum Maßstab mache, ist ein Zwangsherr ohnegleichen, der je länger desto mehr unbedingte Unterwerfung fordert. Was der Bereicherung und Erweiterung des Ich dienen sollte, führt in letzter Konsequenz zum Ich-verlust, zu einer Zersplitterung in viele Geister („Legion"), die ich nicht mehr los werde, die sich in mir austoben.

Lebensgeschichtlich wurzeln auch diese furchtbarsten Formen der Selbst-entfremdung (Schizophrenie, Psychose, Wahnsinn) in der Erfahrung, nicht als der (die) geliebt worden zu sein, der (die) ich bin. Während aber in der Heuchelei des Pharisäers die werbende Seite der daraus entstandenen Ichhaftigkeit erscheint („Ihr müßt mich lieben und ehren, weil ich so vorbildlich bin!"), kommt in der Selbstzerstörung des Besessenen die verdrängte maßlose *Wut* zum Ausdruck, daß ich nicht so sein darf, wie ich bin. Diese Wut hat zwei mögliche Objekte: Entweder richtet sie sich nach außen und vernichtet den anderen („Ich töte euch, weil ihr mich nicht leben laßt!") oder sie wendet sich gegen mich selbst („Ich töte mich, weil ihr mich nicht liebhabt!").

Je stärker die Heuchelei des eigenen Gutseins ausgeprägt ist, um so eher wird die zweite Form, die sogenannte Autoaggression gewählt.

Sie hat noch einen anderen Aspekt, der aus dem unzerstörbaren Wissen resultiert, daß ich mich und mein Leben verfehlt habe: den Aspekt der *Schuld*. Gerade sie ist aber besonders tief verdrängt, weil der innere Machthaber, den ich durch meine Ichhaftigkeit inthronisiert habe, auch sie „entfremdet" hat und sie als Selbstbestrafung ins Bewußtsein treten läßt. Der „Masochismus" des Besessenen (MK 5, 5) ist die Sühne dafür, daß ich nicht so bin wie ich sein soll. Aber dieses Sollen kommt nicht aus der Tiefe des echten Gewissens, das zum größeren *Leben* ruft, sondern vom verinnerlichten Idealbild, welches danach gezeichnet ist, wie andere mich haben wollten und das zum inneren Diktat(or) wurde. Und deswegen hält die Selbstbestrafung die Selbstzerstörung nicht auf, sondern führt auf sie hin. Das selbstgemachte Leiden weiß zwar in der Tiefe des Herzens um die Heilkraft des Leidens; aber die Ichsucht verfälscht, ja perver-

tiert es. Wenn viele Christen und Christinnen durch ihr selbst-
auferlegtes Leiden sich und die Welt erlösen wollen, ist ihnen
nicht bewußt, daß sie „Messianität" für sich in Anspruch nehmen und Jesus überflüssig machen.

Dies gilt freilich nicht für Leiden, das wirklich *von Gott* auferlegt
wird und das im Blick auf Jesu Leiden durchgetragen wird.
Aber es bedarf gründlicher Selbstprüfung, bevor der „Wille Gottes" und nicht mein (unbewußter) Eigenwille als Ursache dafür
herangezogen wird.

Zur Unterscheidung der Geister hilft dabei eine Besinnung
auf das Bild von Gott, das im Hintergrund steht. Wenn der Besessene Jesus bittet, er möge ihn nicht quälen, so ist damit ziem-
lich genau der Gott im Blick, der in der Regel der Selbstbestrafung korrespondiert: ein strafender und rächender Gott, der
nichts durchläßt. Dieser Gott ist geformt nach dem Bild der
Mutter oder des Vaters, dem das Kind sagte (oder gerne gesagt
hätte, es aber aus Angst nicht tat): „Quäle mich nicht!" Aber
Recht und Ordnung und Gehorsam standen höher als menschliches Bedürfnis und Vergebungsbereitschaft: „Strafe muß sein!"
Dieser Gott kennt kein Pardon und will den „Sünder" für die
ihm angetane Ehrverletzung (Gehorsamsverweigerung) leiden
sehen. Er braucht den von ihm Abhängigen klein und will die
Spuren der Züchtigung als Preis für das Recht, weiterzuleben.

Wie nähert sich nun Jesus dem derart der Macht der Ichhaftigkeit ausgelieferten Menschen?

Die Schreie, die der Besessene ausstößt (Mk 5,5), bleiben
nicht ungehört. In Jesus kommt Gott selbst nahe, wie es der
Psalmist besingt: Ich schrie zum Herrn und er erhörte mich (Ps
3,5; 17,6; 18,7; 22,6; 28,6 u. v. a.).

Diese Nähe Gottes in Jesus aber erzeugt zunächst *Angst* und
zwar die Angst, vernichtet zu werden. Es dämmert, daß das
Herrschaftssystem des „unreinen Geistes" eine angemaßte Gott-
ähnlichkeit ist, die in der Realität keinen Halt findet. Infolge-
dessen wehrt der Betroffene jeden Versuch zunächst ab, mit der
Wahrheit, mit Jesus Christus, konfrontiert zu werden.

Aber Jesus fragt nach dem *Namen* und reicht damit einen ersten Rettungsanker, um wieder zu sich zu finden. Die Richtung
auf eine Mitte der Person hin wird sichtbar. Und so ist die Er-

kenntnis der inneren Zerrissenheit ein wichtiger Schritt der Einkehr.

So sieht es aus; doch ich darf es wahr-nehmen.

Nun ist ein *Gespräch* möglich (Mk 5, 10–12), in dem Bedürfnisse geäußert und eine Bitte ausgesprochen werden kann. Damit kommt ein therapeutischer Prozeß in Gang, auf den wir später noch einmal zurückkommen, wenn wir die Fortsetzung des Textes (Mk 5, 21 ff) betrachten werden (Kap. 4.4). Jesus vernichtet nicht, auch nicht den „unreinen Geist". Denn in der „Unreinheit" steht ja in verdrängter, abgewehrter Form die von Gott bejahte und gewollte Sexualität. Sie wird zunächst in ihrer dunklen Gestalt als „Schweinerei" ins Unbewußte (Bild des Sees) versenkt (Mk 5, 13), bis sie im Fortgang des Prozesses für das Ich zurückgewonnen werden kann.

Zunächst aber drängt sich im Zerbrechen der bisherigen Scheinsicherheiten (Herkunft) und Ersatzgötter (Ichhaftigkeit) die Frage nach dem *Sinn* auf: Was ist das denn, *Leben?*

3.

Suche nach Sinn

Nachdem sich eine eigene therapeutische Richtung auf das Sinnverlangen des Menschen konzentriert („Logotherapie" Viktor Frankls), hieße es, offene Türen einzurennen, wollte man genauer begründen, daß wir Menschen auf Sinn angewiesen sind und krank werden, wenn wir an der Sinnlosigkeit leiden.

Daß jedoch die Sinnfrage heute ein solches Gewicht in der Psychotherapie gewonnen hat, läßt sich nur von zwei großen Defiziten her erklären: Das eine ist die Entwurzelung des Menschen, der sich nicht mehr von einem größeren Ganzen her bestimmen kann; das zweite ist das verkümmerte Menschenbild der klassischen Psychoanalyse, die unsere Geistigkeit und damit auch unser Sinnverlangen nicht in den Blick bekam.

Daß wir Menschen unter dem Gefühl der Sinnleere leiden und ernsthaft erkranken, wenn es von Dauer ist, und daß wir auch große Belastungen und Leiden eher durchstehen, wenn wir einen Sinn dabei sehen, weiterzuleben, – dies zu erkennen, bedarf es eigentlich keiner empirischen Forschungen und Statistiken. Das sagt einem eigentlich der gesunde Menschenverstand. Und *jede* Psychotherapie, nicht nur die „Logotherapie", muß den Menschen als nach Sinn verlangend verstehen, wenn sie nicht an Symptomen herumkurieren will. Immer geht es um den *ganzen* Menschen und nicht um eine seiner Strebungen als solche, seien es nun geistige oder triebhafte.

Christlich orientierte Psychotherapie scheint auf den ersten Blick geradezu „spezialisiert" auf die Sinnfrage und Sinnsuche zu sein. Ist es doch die Theologie, die sich damit besonders beschäftigt, und ist es doch die von den Kirchen verbreitete Botschaft von Gott durch Jesus Christus, die auf jenes Fragen und Suchen letztgültig zu antworten beansprucht.

Und doch wissen wir, daß der Schein trügt: „Die Botschaft hör' ich wohl, allein mir fehlt der Glaube." Dieser Glaube aber, der fehlt, und der alleine statt toter „richtiger" Sätze Heilung schenkende Kraft hervorbrächte, läßt sich dem im Loch der Sinnleere hockenden Menschen nicht wie ein Medikament verordnen. Er hat dieses den Glauben ermöglichende Vertrauen ja verloren, sonst wäre er nicht krank.

Während ich diese Zeilen schreibe, stehe ich noch ganz unter dem Eindruck eines Gesprächs, das ich vor einer Stunde am Telefon mit dem Ehemann einer unter schweren Depressionen leidenden Frau führte. Dabei berichtete dieser auch, daß es seiner Frau besonders zu schaffen mache, daß sie sich von Gott im Stich gelassen fühle, obwohl er und sie regelmäßig beteten und meditierten. Ihre Fragen: „Warum hilft mir Gott nicht?" – „Warum ich?" machen auch ihm zu schaffen, weil er überzeugt ist, daß man so nicht fragen darf.

Jeder, der ähnliche Situationen erlebt hat, weiß, daß hier die Aufforderung, zu glauben, wie ein Hohn wirken muß. Auch der christliche Psychotherapeut kann hier nur dasein und zu zeigen versuchen, daß er die Gefühle versteht, die in solchen Fragen an Gott zum Ausdruck kommen.

Der nach Sinn Suchende hat nicht nur Gott verloren, insofern dieser als der nahe und helfende ersehnt wird, sondern auch auf weite Strecken sich selbst. Wir hatten ja gesehen, daß die Ichhaftigkeit als Folge enttäuschter Liebe nicht zu mehr Selbst-bewußtsein, sondern in den Verlust des Ichs führt. Weil die frühen Enttäuschungen zu einem Rückzug aus echten menschlichen Beziehungen und zur Verengung und Verarmung meiner Fähigkeiten und Be-gabungen führen, stellt sich zunehmend das Gefühl von Traurigkeit über nichtgelebtes Leben ein, das sich mit dem der Leere und Sinnlosigkeit verbindet. Zunächst sind diese Gefühle freilich verdeckt durch die vielerlei Aktivitäten im Dienste der Ichhaftigkeit. Solange Erfolge zu verbuchen sind, spüren wir nicht viel davon. Zu leise und unbekannt sind noch die Klopfzeichen. Aber eine scheinbar banale Erfahrung kann die Wunde aufbrechen lassen. Doch wie? Es sind in der Regel zuerst

nicht jene in frühester Kindheit verdrängten Gefühle, die durchbrechen. Sie liegen zu tief und die Unfähigkeit, an sie heranzukommen, macht einen Großteil des Leidensdrucks der depressiven Sinnlosigkeitserfahrung aus. Könnte ich sie er-leben und
mich in ihnen dennoch bejaht und angenommen wissen, bedeutete das ja bereits Heilung, und es wundert nicht, wenn im
Neuen Testament der Zugang zu den grundlegenden Gefühlen
in Heilungsgeschichten Jesu thematisiert wird (vgl. Kapitel 4).
Doch der Weg dorthin ist lang und die Sinnfrage bemächtigt
sich zunächst des Bereichs, der im Dienst unserer beschnittenen
Lebensweise (Ichhaftigkeit) die Vorherrschaft antrat: des Bewußtseins, des Denkens, bildhaft: des Kopfes. Es wird so vieles
frag-würdig und – konsequent zu Ende gedacht – auch mein eigenes Leben, meine Pläne und Ziele. Wahrscheinlich hat C. G.
Jung recht, daß besonders die zweite Lebenshälfte diese Zweifel
hochkommen, diese Fragen brisant werden läßt. Aber das muß
nicht erst in der vielbesprochenen „midlife-crisis" sein.

Das Zerbrechen des ichhaften Lebenskonzepts führt keineswegs immer zur Besinnung. Nicht selten wird die *Suche* nach
Sinn unter der *Sucht* versteckt. Die notwendige Konfrontation
mit der Wirklichkeit, mit den Mitmenschen und mir selbst wird
so aus panischer Angst vermieden und die Illusion vom reicheren Leben wenigstens für Augenblicke erzeugt.

Die Angst, mich so zu erleben, wie ich wirklich bin, mit allen
meinen *Sinnen,* machte mich blind. Ich kann nicht mehr sehen,
wohin der Weg gehen soll. Meine Sinne, die eigentlichen Or-
gane sinn-vollen Lebens, sind abgeschnitten von den Gefühlen.
Und deshalb sind für unsere Fragestellung nicht die vielen Texte
des Neuen Testaments zentral, die vom richtigen Leben und
vom Glauben lehrhaft handeln, sondern unser Blick richtet sich
auf Den, der die Augen öffnet. Von den vielen Gestalten, denen
Jesus begegnet, ist es der Blinde, der „am Wege" sitzt (Mk
10,46): Er selbst hat den Richtungs-sinn verloren. Erst sehend
geworden, kann er „auf dem Wege" folgen (10,52b).

3.1 Wer bin ich überhaupt?
Johannes der Täufer (Joh 1, 19–23)

A. *Die Juden schickten Priester und Leviten zu Johannes mit der Frage: „Wer bist du?"*

Ja, wer bin ich eigentlich?

Was bewegt sich in mir, wenn ich diese Frage als an mich gestellt einlasse in mich: „Wer bist du?"

Ich spüre, daß die Frage nicht auf meine „Persona" zielt, wie Jung sagen würde: auf das, was ich *vor anderen* sein will oder sein muß, auf die Rollen, die ich allenthalben spiele, auf meinen „Stand" und mein Ansehen.

Sie zielt auf mein Selbst-verständnis als Christ. Denn sie kommt von den Priester und Leviten, kirchlichen Repräsentanten. Für den historischen Johannes war es die Frage nach seiner Stellung im Heilsplan Jahwes (Gottes). Ich bin gefragt, wer ich bin, der ich mich „Christ" nenne. Ist mein Selbstverständnis richtig wiedergegeben, wenn ich antworte: „Ich bin ein Christ?" Oder fühle ich mich unwohl dabei?

Da bekannte er: „Ich bin nicht der Messias." Da fragten sie ihn: „Was denn? Bist du Elias?" Er sagte: „Ich bin es nicht". „Bist du der Prophet?" Er antwortete: „Nein". Da sagten sie zu ihm: „Wer bist du? ... Was sagst du von dir selbst?"

Was mir zuerst einfällt auf die Frage, wer ich bin, sind negative Antworten. Wer ich nicht bin, weiß ich ...

Wenn ich „Zuschreibungen" ablehne, dann deshalb, weil ich der nicht sein will, den man mir zuschiebt.

Ich *will* zum Beispiel kein Christ sein, und deshalb beantworte ich die Frage: „Bist du ein Christ?" mit „nein".

Andererseits schmeichelt es mir unter Umständen, wenn jemand mich ernsthaft fragt, ob ich ein Künstler bin. Bin ich es, bin ich ein bisher unentdeckter zweiter Picasso oder Beethoven? Solche Zuschreibungen verwirren mich, einmal so, einmal anders; denn ich bin mir meiner selbst nicht sicher. Vielleicht bilde ich mir da etwas ein; vielleicht bin ich aber „von Natur aus" so bescheiden oder fühle mich so schlecht, daß ich bei jedem Kompliment erröte …

Was soll ich also von mir selbst sagen, wenn ich ganz durcheinander bin? Schon als Kind war ich bei den Eltern (und damit auch für mich) einmal ein „Schatz" und wenig später in einer anderen Situation ein „Dummerchen", ein „Kasper" oder „ungezogen", manchmal auch „böse", so böse, daß meine Mutter weinen mußte.

Er sprach: „Ich bin die ‚Stimme eines Rufenden in der Wüste: Bereitet den Weg des Herrn!', wie der Prophet Jesaja gesagt hat".

Woher kommt die Antwort des Johannes?

Sie tönt von weit her zu ihm herüber über ein halbes Jahrtausend hinweg:

„Eine Stimme ruft: ‚Bahnt in der Wüste eine Straße für Jahwe, macht in der Steppe einen ebenen Weg für unseren Gott!"(Jes 40, 3)

Diese Stimme rief damals geknechtete, um ihren Selbstwert ringende Menschen. Sie nahm die Wüste und Steppe des Lebens als Ausgangspunkt für die Antwort nach Sinn: *in* ihnen Bedingungen zu schaffen, daß Gott etwas ändern kann, daß *Er* einen Weg *hinaus* führen kann. Johannes empfindet diese Stimme als Antwort auf die Frage nach dem Sinn seines Lebens: „Ich bin die Stimme, ich, der ich mit meinen Mitmenschen erneut in der Wüste stehe …"

Ist die Stimme verklungen als Antwort auf die Frage: „Wer bin ich?" Oder habe ich nur verlernt, zu hören?

Sinn kann ich nicht machen, das heißt: ich kann den Weg und das Ziel dieses Lebens nicht finden. Die Stimme will in mir neu Gestalt gewinnen, die Stimme, die nach Gott ruft in der Wüste des Daseins und die mich auffordert, die Hindernisse abzutragen, die ich errichtet habe, damit es einen Weg und ein Ziel nicht geben kann:

„Jedes Tal soll aufgefüllt, jeder Berg und Hügel abgetragen werden; was krumm ist, soll gerade, was zerklüftet ist, zu einem Talgrund werden." (Jes 40, 4)

B. Es ist sicher kein Zufall, daß die Texte, in denen die Sinn-frage besonders deutlich in Jesusbegegnungen thematisiert sind, alle im Johannesevangelium stehen. Auf der einen Seite verdankt dieses Evangelium seine Entstehung der Überzeugung, daß Jesus Christus der „Weg, die Wahrheit und das Leben" (Joh 14, 6) ist. *Er* alleine weiß um den Sinn, die Ziel-richtung zum „Vater" hin (ebd). Andererseits spricht kein Evangelium so deut-lich vom *Unglauben* als Reaktion auf Jesu Selbstoffenbarung wie das nach Johannes (1, 10–11; 6, 65; 12, 37). Als Grund der Ableh-nung wird auf Jesaja 6, 9f verwiesen:

„Er hat ihre Augen blind und ihr Herz hart gemacht, damit sie nicht mit ihren Augen sehen und mit ihrem Herzen verstehen und sich bekehren und ich sie heile." (Joh 12, 40)

Deshalb, so sagt es Joh 12, 39 *konnten* sie nicht glauben.

Die Suche nach Sinn durch den neurotisch erkrankten Men-schen ist das Tasten eines Blinden und verstandesmäßige Grü-beln des Gefühlsarmen. Wie es zu diesen Beeinträchtigungen im Laufe unserer Lebensgeschichte kommt, haben wir schon mehr-fach angesprochen und es wird uns immer wieder beschäftigen.

Unser Text aus Joh 1 legt den Finger auf ein Problem, mit dem die Psychotherapie vor allem bei kirchlich geprägten Klien-ten zu tun hat: die Formung des Selbstbildes durch kirchliche Amtsträger (und die von ihnen ver-mittelte Botschaft).

Von einem Nervenarzt wird ein Mann an mich verwiesen, der unter schwersten Depressionen mit Suizidneigung und einem Beichtzwang leidet.

Der Arzt meinte, daß ein Theologe hier eher weiterhelfen kann als ein Psychiater.

In den therapeutischen Gesprächen zeigt sich, daß der Klient von seiner eigenen abgrundtiefen Bosheit und Schlechtigkeit so sehr überzeugt ist, daß er jeden „unkeuschen" oder aggressiven Gedanken sofort beichten muß, um nicht für ewig verdammt zu werden, falls ihm etwas zustößt.

Als im Laufe der Therapie, die zunächst den Abbau der den Mann völlig lähmenden Angst (er ging kaum mehr aus dem Haus) anzielte, der Gedanke auftauchte, daß „solche Gedanken" und Wünsche zu ihm gehören könnten, ohne daß er dafür von Gott verdammt würde, war dieser lange nicht akzeptabel: Nein, solange er solche Gedanken nicht „besiegt" habe, lebe er nicht nach dem Bild, das er von einem christlichen Ehemann habe und das dem Willen Gottes entspreche.

Das angeführte Beispiel mag selten und untypisch sein, weil ja ein solcher Beichtzwang doch nicht alltäglich ist. Nun, Gott sei Dank, erkranken nicht alle, denen eine ähnliche Erziehung zuteil wurde, in der vorgenannten Weise. Sicher ist aber, daß die Frage „Wer bist du?" von kirchlichen Amtsträgern an uns gestellt wurde und ihre Wirkungsgeschichte bei der Formung unseres Ich-bildes hat. Mindestens solange es noch den obligatorischen Religionsunterricht an den Schulen gibt, findet eine Konfrontation mit den „Priestern und Leviten" statt und auch eine ärgerliche oder enttäuschte Abwendung wird ihre Spuren bei der Antwortsuche auf die Sinnfrage hinterlassen.

Entscheidend ist, daß kirchliche Vorstellungen vom sinnvollen menschlichen Dasein in dem Maß in den Reifungsprozeß des Heranwachsenden eingreifen, als sie von den wichtigsten Bezugspersonen „verkörpert" werden. In der Kindheit geschieht dies über die Zuschreibungen („Du bist ein ..."), in der Pubertät über die Formung des Ichideals an Vorbildern (wobei beides voneinander abhängig ist). Die Kirche hat freilich besonders eindrucksvolle Zuschreibungen bereit, die dem schwachen kindlichen oder auch jugendlichen Selbstgefühl aushelfen. Tilman Moser schreibt in seiner autobiographischen „Gottesvergiftung":

„ ... und ich war so stolz, daß du auch in mir kleinem Jungen Wohnung nehmen würdest. Es gab Jahre, wo ich dir meine Leben weihen wollte, wo zwischen dir und mir verhandelt wurde über einen Erwählungsvertrag. Du hast schon ganz früh mit meinem Größenwahn gespielt, ihn genährt, ihn an geheiligten Vorbildern gesteigert, die mir in deinem Namen vor Augen gehalten wurden" (aaO., S. 10).

Für mich selbst wurde ein Satz meiner Mutter, an der ich mit Leib und Seele hing, zum Lebensprogramm für fast zwanzig Jahre: „Wenn ich ein Junge gewesen wäre, dann wäre ich Priester geworden." Und was dazu gehörte, in welch konkreter Weise eine solche Zuschreibung das Selbstbild formt, mag gleich eine andere Aussage meiner Mutter belegen, als ich etwa siebzehn war: Meine Brüder hatten vom Balkon aus ein hübsches Mädchen gesichtet und riefen mich, der ich mich im Wohnzimmer aufhielt. Als meine Mutter das hörte, sagte sie Richtung Balkon: „Das interessiert doch den Helmut nicht." Ich weiß heute nicht mehr, ob ich nicht den Mut hatte, zu sagen: „Doch, ich möchte das Mädchen auch sehen!" oder ob ich überzeugt war, daß meine Mutter für mich gesprochen hatte. Wie verhängnisvoll Zuschreibungen sein können, dazu hat die Literatur eindrucksvolle Beispiele, man denke nur an Bertholt Brecht und Max Frisch.

Aus psychotherapeutischer Sicht ist entscheidend, daß Zuschreibungen stets mich zwingen, bestimmte Seiten meiner (werdenden) Persönlichkeit auszublenden, um dem Bild gerecht zu werden, das der (die) andere von mir hat. Dies gilt besonders auch für den Lebensabschnitt, in dem der junge Mensch gegen die aufbrechenden sexuellen Triebregungen sich oft durch ein ideales Menschenbild abzusichern sucht: „Ein christliches (katholisches, evangelisches) Mädchen verhält sich (nicht) so …". „Als Ministrant („Diener Gottes") kämpfe ich um die Reinheit …". „Ich weihe mein Leben Gott". „Mit der Nachfolge Christi ist es mir ernst …". „Täglich bemühe ich mich, ein neuer Mensch zu werden". Religiöse Gruppen wie zum Beispiel die Fokolarbewegung können auf Jugendliche deshalb einen großen Einfluß ausüben, weil ihr Programm des „neuen Menschen" als Gegenkraft gegen die Gefühlsverwirrungen der Pubertät fasziniert: Hier ist Sinn und Ziel eindeutig gegeben. Die Vorbilder, welche etwa „die Reinheit leben", werden als leibhafte Zeugen vorgeführt.

Solange dieses Identifikationsangebot als altersgemäße Hilfe ergriffen wird, darf jede Mutter und jeder Vater froh sein, wenn die Jugendlichen *solche* Vorbilder finden. Denn es geht ja nicht ohne solche, wenn eine Antwort auf die Frage: „Wer bin ich?"

gesucht wird. Das sei mit Nachdruck hervorgehoben, um Mißverständnisse zu vermeiden. Doch sollten die maßgeblichen Er-
zieher in religiösen Gruppen sehr darauf achten, daß im Dienste
eines bestimmten Idealbildes vom Menschen nicht die „dunklen
Seiten" unseres Menschseins verleugnet oder verteufelt werden
und einem moralischen Leistungsstreben einseitig Vorschub geleistet wird.

Die Erkenntnis, daß ich das *nicht* bin, was andere mich zu sein
hießen, kann sehr spät erfolgen und ist nicht selten einer der
schmerzlichen Momente innerhalb eines therapeutischen Prozesses. Denn es ist ja nicht so, als könnte ich an der Schwelle
zum Erwachsenwerden die Zuschreibungen einfach abwerfen
wie ein abgenutztes Gewand. Oft merke ich allzu lange nicht,
daß ich immer noch den Mantel meiner Mutter oder meines Vaters trage. Erst wenn die Risse zu auffällig sind und die Machart
zu hinderlich ist, kommt es mir zum Bewußtsein, daß ich mich
selbst und meinen Weg noch nicht gefunden habe.

Mir zuzustehen, daß ich das *nicht* bin, nämlich das stets
freundliche, hilfsbereite Kind; der fleißige strebsame Schüler;
das Mädchen, das sich für Männer nicht interessiert, weil sie
sich zu schade dafür ist – – –, dem zu widersprechen ist nicht
selten ein erster wichtiger Befreiungsschritt aus der Bevormun-
dung.

Freilich, zu spüren, daß ich das und der und die nicht bin, ist
noch keine Antwort auf die Sinnfrage, die für mein Leben als
„Wer-bin-ich-Frage" aufbricht. Werde ich durch die Zuschreibungen mir entfremdet, so findet sich erst recht keine befriedi-
gende Antwort, wenn ich meinen Lebenssinn in einem eigen-sin-
nigen Aus-leben der in mir sich regenden „Stimmungen" suche.

Das behutsame Hören, das In-mich-hineinhören, was denn
da in mir sich zeigt als das für mich Not-wendige und damit
Sinnvolle, dies zu lernen stellt die Hauptaufgabe des therapeutischen Prozesses dar. Es gilt, die Stimme zu vernehmen, die mir
meine Auf-gabe im Dienste an Gottes Schöpfungs- und Heils-
werks zuweist: in die Wüsten der menschlichen Herzen (die
dann auch die Natur ver-wüsten!) muß lebendiges, Leben schaf-
fendes Wasser fließen.

3.2 Ich weiß gar nichts mehr
Nikodemus (Joh 3, 1–21)

A. *Unter den Pharisäern war ein Mann mit Namen Nikodemus, ein Ratsherr der Juden. Dieser kam zu ihm bei Nacht und sagte: „Rabbi, wir wissen, daß du als Lehrer von Gott gekommen bist. Denn niemand kann diese Zeichen wirken, die du wirkst, wenn nicht Gott mit ihm ist."*

Eine bemerkenswerte Begegnung: Der „Lehrer Israels" (3, 10) trifft sich mit dem himmlischen Lehrer. Als Pharisäer und Mitglied des Hohen Rates galt er ja als der kompetente Meister in Sachen Religion, bei der Deutung des Willens Gottes. Sein Name Nikodemus (= „Sieger des Volkes") weist auf seine Überlegenheit gegenüber der unwissenden Mehrzahl der Mitmenschen hin.

In der Nacht, zum Beispiel im Traum, wenn mein angelerntes Wissen (das mir meine pharisäische Scheinüberlegenheit und -sicherheit verschafft) zurücktritt, wird ein Wissen lebendig, das nicht *meines* ist: das Wissen, daß Jesus von Gott kommt, weil das, was er tut, anders nicht zu deuten ist.

Jesus antwortete und sprach zu ihm: „Wahrlich, wahrlich ich sage dir: Wer nicht von oben her geboren wird, kann das Reich Gottes nicht schauen."

Noch bevor Nikodemus eine konkrete Frage an den göttlichen Lehrer stellen kann, ergreift dieser das Wort und spricht einen rätselhaften Satz. In einer seltsamen Weise wird der Pharisäer irritiert. Während er Jesu göttliches Wissen nutzen will, um offene Fragen der eigenen Sinnsuche (trotz des Gesetzes!) beantwortet zu bekommen, provozieren die Worte Jesu nur weitere Fragen und führen immer tiefer in die Verlegenheit. Am Schluß steht Nikodemus geradezu dumm da (3, 10: „Du bist der Lehrer Israels und verstehst das nicht?").

In feierlicher Weise spricht Jesus von der Geburt des Menschen „von oben her" als Voraussetzung dafür, daß er das Reich Gottes schaue. Damit antwortet Jesus auf die von Nikodemus nicht gestellte, aber für Jesus in dessen nächtlichem Kommen enthaltene Frage: „Wie gelange ich ins Reich Gottes?" Wir sahen bereits im einleitenden Kapitel (Hinführung), daß dies die Sinnfrage ist.

Nikodemus sagt zu ihm: „Wie kann ein Mensch geboren werden, wenn er alt (ein Greis) ist? Kann er etwa zum zweitenmal in den Schoß seiner Mutter eingehen und geboren werden?"

Ich halte Zwiesprache mit Nikodemus:

„Aber Nikodemus, verstehst du nicht oder willst du nicht verstehen? Es ärgert mich, daß du dich so dumm anstellst!

Heute weiß doch jeder einigermaßen gebildete Mensch, daß die Völker aller Zeiten und Kulturen die Vorstellung der Wiedergeburt kannten und sie *symbolisch* in Mythen und Riten vollzogen. Ich weiß Jesu Wort doch gleich religionsgeschichtlich und religionspsychologisch einzuordnen. Das *kann* doch nur bildhaft zu verstehen sein!"

Nikodemus: „So weiß ich es auch, als Lexikonwissen. Aber wie steht es, wenn du dein Herz fragst, wenn von ‚Geburt' die Rede ist? Du verdankst doch dein Leben deiner Mutter, auch noch als Greis. Wie soll mein Leben, auch ein neues, ohne sie denkbar sein? Kannst du denn ‚geboren werden' anders fühlen als mütterlich?"

Jesus antwortete: „ ... Wer nicht aus Wasser und Geist geboren wird, kann nicht in das Reich Gottes eingehen. Was aus dem Fleisch geboren ist, ist Fleisch, was aus dem Geist geboren ist, ist Geist ...

Gegen die hartnäckige Bindung an die biologische Herkunft bietet Jesus die machtvollen Bilder vom „Anfang" an:

„Die Erde war wüst und leer. Finsternis lag über dem Abgrund, und der Geist Gottes schwebte über den Wassern" (Gen 1, 2). Nur von Gott her kann eine neue Schöpfung geschehen, nur sein Geist kann Leben schaffen, das ins Reich Gottes eingeht. Wir kennen die Hoffnungsbilder aus dem Propheten Ezechiel:

„Dann werde ich reines *Wasser* über euch sprengen, daß ihr rein werdet von aller Unreinheit und von allen euren Götzen werde ich euch reinigen. Und ich werde euch ein neues Herz geben und einen neuen *Geist* in eurer Inneres geben …" (Ez 36, 25–26)

An meine Eltern gebunden werde ich „Fleisch", das heißt, unentrinnbar an meine Vergangenheit gefesselt bleiben. Es gibt keinen nahtlosen Übergang vom Herrschaftsbereich der „Götzen" in den Gottes. Nur durch den Tod des selbstherrlichen Ichs und Neuzeugung aus dem Geist kann etwas wirklich *Neues* entstehen …

Nikodemus antwortete und sprach: „Wie kann das geschehen?"

Das ist auch meine Frage, Nikodemus. Jetzt kann ich dich, glaube ich, besser verstehen. Ich suche doch Sinnerfüllung in *diesem* Leben in Fleisch und Blut und nicht in einem „geistigen" nach dem Tod. Warum muß ich vorher sterben?

Jesus antwortete: „ … Was wir wissen, reden wir und was wir gesehen haben, bezeugen wir. Ihr aber nehmt unser Zeugnis nicht an. Wenn ich von den irdischen Dingen zu euch geredet habe und ihr glaubt nicht, wie werdet ihr glauben, wenn ich von den himmlischen Dingen zu euch rede?"

Aber Jesus, was verlangst Du von uns? Wie sollen wir das begreifen, was Du sagst? Ich will wissen, wie diese neue Geburt möglich ist und Du wirfst mir meinen Unglauben vor. Darf ich nicht wissen wollen, und woran soll ich denn glauben?

So sehr hat Gott die Welt geliebt, daß er seinen eingeborenen Sohn dahingegeben hat, damit jeder, der an ihn glaubt, nicht verlorengeht, sondern ewiges Leben habe. Denn Gott hat den Sohn nicht in die Welt gesandt, damit er die Welt richte, sondern damit die Welt durch ihn gerettet werde. Wer an ihn glaubt, wird nicht gerichtet; wer nicht glaubt, ist schon gerichtet, weil er an den Namen des eingeborenen Sohnes Gottes nicht geglaubt hat …

Steht es so mit uns, steht es so mit mir? Ist es die falsche Liebe, die mich nicht verstehen läßt? Ist es die verkehrte Vorstellung von Gott und Jesus Christus, die mich hindert, zu glauben?

Bin ich in einer so katastrophalen Lage, daß ich *gerettet* werden muß? Gibt es nur *eine* Hoffnung: *Jesus?*

Geht es nicht mehr um Verstehen, sondern nur noch um ein ver-
zweifelt-vertrauendes Hängen an *Ihn?*

B. Daß uns entscheidende Hilfe bei der Sinnsuche nicht durch
angestrengtes Nachdenken, sondern in der *Nacht,* im Traum,
zuteil wird, hat C. G. Jung immer wieder betont. Er war es auch,
der Jesus Christus als eine Gestalt beschrieben hat, die einer Ur-
sehnsucht der Seele nach Erlösung und Befreiung antwortet.
Jung nennt solches Sinnverlangen, das zu bestimmten Symbolen
(Bildern) führt, bekanntlich „Archetyp". Zu dem in der Tiefe
an-wesenden Wissen des Menschen um den göttlichen Lehrer
Jesus (vgl. Joh 3, 2) schreibt Jung:

> *„Schon auf sehr früher Stufe also verschwand der wirkliche
> Mensch Jesus hinter den Emotionen und Projektionen seiner nähe-
> ren und weiteren Umgebung; er wurde sofort und beinahe restlos an
> die seelischen ‚Bereitschaftssysteme‘, die ihn umgaben, assimiliert
> und damit in deren archetypisch geformten Ausdruck umgewandelt.
> Er wurde zu jener kollektiven Gestalt, welche das zeitgenössische
> Unbewußte erwartete, und darum fragt man vergeblich, wer und
> wie er ‚eigentlich‘ war ...*
> *Er wirkte darum offenbarend, weil und insofern er ewiger (und
> darum unhistorischer) Gott war, und er konnte als solcher nur wir-
> ken dank dem consensus generalis, der unbewußten Erwartung ..."*
> (C. G. Jung, GW 11, S. 168; zit. nach H. Unterste, Theologische
> Aspekte der Tiefenpsychologie von C. G. Jung, S. 85).

Jung hat in der Christusgestalt das wichtigste Symbol für das
„Selbst" des Menschen gesehen, jene von ihm ersehnte Ganzheit, die Sinn und Ziel des Individuationsweges ist.

Wir brauchen hier weiter darauf nicht einzugehen, zumal gerade christlich orientierte Psychotherapeuten, die den Traum als
„Gottes vergessene Sprache" (so der Titel eines Buches von Helmut Hark) neu zu erschließen suchen, auch auf die Jesusgestalt
in Träumen ihrer Patientinnen und Patienten (wie übrigens
schon Jung) eingehen. Ein kurzes, prägnantes Beispiel, wie im
Traum das Jesusbild als Korrektur der pharisäischen Heuchelei

erscheint, berichtet Johanna Herzog-Dürck: Ein zwangsneuro-
tischer Student, der von sich sagt, seine Beziehung zu den Mitmenschen laufe auf dem Gleise des „Blendens", er imponiere
durch die Überlegenheit des Wissens, träumt:

> „Ich stehe bei einer Brücke. Da kommt ein Mann, der Jesus spielt
> oder es ist. Er stellt sich, die Passion erwartend, an die Brücke. Ich
> nähere mich und spreche ihn an: Ob man ihn fragen dürfe, warum er
> das tue. Klar und bestimmt sieht er mich an und antwortet ‚Nein‘"
> (Grundströmungen der Lebensangst, S. 190).

J. Herzog-Dürck kommentiert: „Der intellektuelle Vorwitz
des Studenten aber erhält seine Abfuhr: Das klare Nein ist das
Beste an diesem Traum" (aaO., S. 191). Nikodemus, der „Lehrer Israels", wird ähnlich vor den Kopf gestoßen. Sein Wissen
nützt ihm nichts in der nächtlichen Begegnung mit Jesus und
seine Fragen bleiben ohne Antwort. Ihm wird nur mitgeteilt, daß
der „Menschensohn erhöht werden muß, so wie Moses die
Schlange in der Wüste erhöht hat" (3,14).

Soweit uns im Traum religiöse Bilder, insbesondere das zentrale Bild Jesu, geschenkt werden, dienen sie nicht der Befriedi-
gung unserer Neugierde oder der Ergänzung unseres Wissens.
Sie sind immer Hinweise, daß die Begegnung mit Jesus und die
von Ihm erhoffte Neuwerdung *ganz anders* geschehen, als wir
uns vorstellen. Unser angelerntes Wissen zerbricht, unsere
Selbstwahrnehmung wird ad absurdum geführt. Wir gehören zu
den Menschen, die die Finsternis mehr lieben als das Licht, obwohl wir dauernd vom Licht reden.

Eine Psychotherapie, welche die „Botschaft der Nacht" außer
acht läßt, muß notgedrungen an der Oberfläche bleiben. Alles
Grübeln und Nachdenken wird zu den entscheidenden Einsichten, die meinem niedergedrückten Lebensgefühl neue Impulse
geben könnten, nicht führen. Dennoch kann auch der Traum
den im wahrsten Sinne des Wortes not-wendigen *Glauben* an
Jesus Christus als Retter (Joh 3, 17) nicht erzwingen. So mächtig
ist unsere Bindung an die Mutter, Ursymbol des Naturhaft-
Sinnlichen, daß auch im Traum die Wiedergeburt als Eingehen
in den Mutterschoß erscheinen kann. H. Hark hat einen solchen
Traum in Anschluß an F. Froboese-Thiele (Träume – eine

Quelle religiöser Erfahrung) vorgestellt und die Parallele zum Nikodemusgespräch aufgezeigt (Der Traum als Gottes vergessene Sprache, S. 160–162): Die Träumerin blickt in den kreisrunden Ausschnitt des Mutterleibs einer machtvollen Gestalt, die zugleich Frau (Leib) und Mann (Haupt) ist, vom Weggeleiter gedeutet als der *„Ich bin"*. Der Leib der Frau ist leer, so daß am Schluß die Träumerin aufgefordert wird: „Du aber mußt nun eingehen in den Schoß der großen Mutter. Dort lernst du die rechte Anatomie, dort sind auch deine Kindlein" (Hark, aaO., S. 161). Solche Träume sind sicher selten. Aber daß es sie gibt, zeigt doch, daß die Frage des Nikodemus: „Kann ein Mensch zum zweitenmal in den Mutterschoß eingehen?" (Joh 3, 4) eng mit der kollektiven Phantasie von der Wiedergeburt verknüpft ist. Wesentlich häufiger taucht in Träumen das Geschehen der Geburt als solcher auf, das heißt also, der Archetyp des *Kindes* als Symbol der ersehnten Neuwerdung. Manchmal zeigt der Traum allerdings auch, welch' schmerzlicher und langwieriger Vorgang diese Neugeburt sein kann:

„Ich soll ein Kind bekommen, und das kommt und kommt nicht. Das Warten und die Mühe sind schon zum Martyrium geworden. Immer neue Wehen finden statt, aber das Kind kann nicht heraus. So endet der Traum." (J. Herzog-Dürck, aaO., S. 172)

Das *Ersehnen* der Neugeburt, das die Sinnfrage birgt, ist in uns verankert, so daß auch die Ichhaftigkeit des Pharisäismus es nicht erdrücken kann. Aber durch das Gespräch des Nikodemus mit Jesus zieht sich die verzweifelte Unfähigkeit, zu verstehen, daß das ewige *Leben* nur im Sprung des Glaubens an Ihn, den für uns Dahingegebenen, gewonnen werden kann (vgl. Joh 3, 15–16). Dies zu begreifen, übersteigt unseren Verstand und wehrt sich unser stolzes und zugleich angsterfülltes Herz.

3.3 Daß man sich nie genug betrinken kann
Die Samariterin (Joh 4)

A. *Jesus kommt zu einer Stadt in Samaria namens Sychar in der Nähe des Grundstücks, das Jakob seinem Sohn Joseph geschenkt hatte.*

Wie bewußt doch dieser Text das Gespräch Jesu mit einer Samariterin an die Geschichte des Volkes und des Landes, an die inzwischen unübersehbar gewordene Kette der Geschlechter anbindet! Das, was in der Erinnerung fortlebt, ist nicht vergangen, es ist Wirk-lichkeit. Orte, gerade auch Orte der Begegnung sind benannt, weil sich hier etwas Wesentliches abgespielt hat im Menschen, das seine Mit-menschlichkeit oder seine Gottesbeziehung betrifft. Die Geschichte der Patriarchen bietet dafür viele Beispiele, besonders die Jakobs. Sychar = Sichem bedeutet „Ackerteil". Den Grund und Boden teilen an die Nachgeborenen, auch das ist Mit-teilung, die aus unserer Endlichkeit und Sterblichkeit resultiert.

Ich denke daran, daß ich mich, wenn ich mich auf solche Texte einlasse, auf die *Menschheits*geschichte einlasse, daß sich die Frage nach dem Sinn meines Lebens ausweitet zu der nach Geburt und Tod, Kommen und Gehen der Geschlechter überhaupt. Welchen Sinn hat mein Name? Welche Last trage ich da mit mir herum, welche (noch nicht ergriffene?) Chance?

Dazu kommt: Samaria ist „feindliches Land" für den gläubigen Juden: Der Betrüger Jakob wird von meinem phärisäischen Moralismus nicht angenommen ...

Dort war der Brunnen Jakobs. Jesus setzte sich, ermüdet von der Wanderung, am Brunnen nieder. Es war ungefähr die sechste Stunde.

Brunnen ist der Ort, an dem Wasser aus der Tiefe geholt wird. Er ist geheimnisvoller Zugang zu einer unbekannten Welt. Ich denke an manche Märchen, wo der Brunnen eine Rolle spielt; aber auch an andere Begegnungen am Brunnen in der Bibel. Jesus ruht am Brunnen aus in der Mittagszeit, ein auffälliger Gegenpol zum nächtlichen Gespräch mit Nikodemus.

Ich bin also mit meinem hellen Tagesbewußtsein gefordert.

Da kommt eine Frau aus Samaria, um Wasser zu schöpfen. Jesus sagt zu ihr: „Gib mir zu trinken"... Die sagt zu ihm: „Wie kannst du, ein Jude von mir, einer Samariterin, zu trinken verlangen?"

Es darf doch eigentlich gar keinen Kontakt geben zwischen meinem natürlichen Begehren – hier nach frischem Wasser – und dem „Juden", dem Gesetz, der Moral.

Ich habe eine doppelte Schwierigkeit mit diesen beiden Gesprächspartnern. Beide sind mir eigentümlich fremd und vertraut zugleich: Die „Samariterin" irritiert mich durch ein forsches, selbstbewußtes Auftreten und wird gerade so auch als Frau interessant; Jesus verkörpert als der müde Wanderer, der um einen Schluck Wasser bittet, so gar nicht das „Judentum" und das „Gesetz".

Die „Samariterin", die Frau aus dem für gläubige Menschen so abstoßenden Land des Lügners Jakob kommt in der Mittagsstunde auf mich zu ...

„Wenn du die Gabe Gottes kennen würdest und wer der ist, der zu dir sagt: ‚Gib mir zu trinken', dann hättest du ihn gebeten, und er hätte dir lebendiges Wasser gegeben."

Ein Rätselspruch. Jesus will Wasser von der Frau, sie verweigert, weil sie die Feindschaft zwischen ihr und dem Juden für unabänderlich hält: Wie kann Jesus von *mir* etwas für sich verlangen? Ich hätte sagen sollen: „Nein, gib *du* mir zu trinken?" Wie soll ich darauf kommen?

Sie sagte zu ihm: „Herr, du hast kein Schöpfgerät und der Brunnen ist tief. Woher hast du also das lebendige Wasser? Du bist doch nicht größer als unser Vater Jakob ...?

Da müßte es ja noch etwas Größeres geben als den Zusammenhang der Familiengeschlechter, dem sich dieses Lebens-spiel verdankt, welches die Bewohner von Sychar leben. Das ist doch ihr Daseinssinn: aus dem Wasser des Jakobsbrunnens zu leben und aus der Erinnerung seiner Geschichten, die das eigene kleine Leben groß machen („unser Vater – Jakob").

Jesus antwortete: „Jeder, der von diesem Wasser trinkt, wird wieder Durst bekommen. Wer aber von dem Wasser trinkt, das ich ihm geben werde, wird in Ewigkeit nicht mehr dürsten, sondern das Wasser, das ich ihm geben werde, wird in ihm zu einer Quelle von Wasser werden, die ins ewige Leben sprudelt."

Nie mehr Durst haben – will ich das eigentlich?

Selber zu Wasser werden, dessen Strom mich ins ewige *Leben* trägt – welch' eigentümlicher Gedanke ...

Da sagte die Frau: „Herr, gib mir dieses Wasser, damit ich keinen Durst mehr bekomme und nicht mehr hierherzukommen brauche, um zu schöpfen."

Der Weg zum Brunnen und zurück, die Last des Kruges auf dem Kopf, die Mühsal des Wasserholens soll ein Ende finden. Insofern ist das Angebot verlockend.

Die Samariterin, die fremde Frau in mir, versteht nicht, daß es Wasser geben soll, das kein Wasser ist in der Tiefe des Jakobsbrunnens, sondern eine Quelle in der Tiefe der Seele, wenn sie sich hat von Ihm mit „lebendigem Wasser" beschenken lassen. Aber wie auch, wie dies verstehen inmitten des Alltags, der „normalen" Hunger und Durst kennt?

Jesus sagt zu ihr: „Geh, rufe deinen Mann"... Die Frau antwortete: „Ich habe keinen Mann". Jesus sprach: Du hast die Wahrheit gesprochen; denn fünf Männer hattest du, und der, den du jetzt hast, ist nicht dein Mann."

Die Frau sagte zu ihm: Ich sehe, du bist ein Prophet. Unsere Väter haben auf dem Berge angebetet, und ihr sagt, in Jerusalem sei die Stätte, wo man anbeten müsse. Jesus sagt zu ihr: „... Gott ist Geist, und die anbeten, müssen im Geist und in der Wahrheit anbeten." Die Frau sagt zu ihm: „Ich weiß, daß der Messias kommt – (das heißt Christus). Wenn er kommt, wird er uns alles verkünden." Jesus sprach: „Ich bin es, der mit dir redet."

Es ist nicht ganz leicht, ganz nahe bei der Frau und ihrem Gesprächspartner zu bleiben. Das Problem der „wahren Religion" beschäftigt den Evangelisten (Verse 21–23).

Was geschieht? Jesus gibt dem Gespräch eine Wendung, indem er der Frau zeigt, daß er Intimes von ihr weiß (vgl. Joh 2, 24–25: Denn er wußte selbst, was im Menschen war). Das ist für sie Grund genug, um Jesus für einen „Propheten" zu halten. Vielleicht ist es der Messias?", sagt sie zu den Leuten im Städtchen (4, 29).

Woran ich hängen bleibe, ist die *Wahrheit*, von der gesprochen wird. Wie die Frau es versteht, auf anderes abzulenken, als Jesus ihr ins Gesicht sagt, wie viele Männer sie schon hatte! Sie diskutiert theologische Probleme. Aber Jesus geht nicht lange drauf ein: Gott ist Geist – nicht an Kultstätten gebunden – und will „in Wahrheit" angebetet werden. Heißt das nicht, daß ich in die Wahrheit meines Lebens kommen muß, auch wenn sie zunächst Offenlegen meiner versteckten Sinnlichkeit ist? Anders kommt der „Retter der Welt" (Joh 4, 42) nicht in den Blick. Welch' eine tiefgreifende Erfahrung muß das doch für die Samariterin gewesen sein, von Jesus gesagt zu bekommen, „was sie getan hat", daß sie das zum Mittelpunkt ihres Glaubenszeugnisses macht (vgl. Joh 4, *19.29.39!*) und dadurch anderen zum Glauben verhilft (4, 39)?

B. Das vierte Kapitel aus dem Johannesevangelium konfrontiert uns mit der Frau aus Samaria. Aus tiefenpsychologischer Sicht begegnen wir dabei der bewußtseinsfernen weiblichen Seite in uns, der „Anima" nach C. G. Jung; denn Samaria ist der abgespaltene, entfremdete Teil des Judentums, als halbheidnisch mit Verachtung belegt. Bei unserer Suche nach dem richtigen Weg und Ziel für unser Leben übernimmt in der Regel das vom Verstand gelenkte Bewußtsein die Führung und diesem oft an Idealbildern ausgerichteten Maßstab müssen sich die anderen Seelenkräfte unterordnen oder weichen. Nur daß dabei so manches „schiefläuft" oder so „ganz anders, als ich gedacht habe", zeigt an, daß das Unbewußte wirksam ist und uns mit seinen Störmanövern recht unangenehm zusetzen kann (z. B. wenn der auf seine „Reinheit" Stolze von sexuellen Zwangsgedanken überfallen wird).

Jesus, so berichten uns die neutestamentlichen Texte öfters, kommt immer wieder in Gebiete, die für den strenggläubigen Juden als fremd und heidnisch gelten. Er macht damit deutlich, daß auch das von uns Abgespaltene zu uns gehört und in den Heilungsprozeß einbezogen sein muß, wenn wir wieder zur Ganzheit gelangen wollen.

Die Frau aus Samaria gehört zu den Bewohnerinnen der Stadt, die ihre Existenz mit der Geschichte Jakobs verbindet. Es ist, wie wir wissen, die Geschichte von Menschen, die noch sehr intensiv mit den sinnenhaften Kräften des sich fortzeugenden Lebens verbunden sind. Sexualität und Aggressivität als Grundkräfte sind in den Patriarchenerzählungen noch kaum durch Gesetz und Moral beschnitten, sondern schlagen dem Leser in ungebrochener Farbigkeit entgegen. In ihrer persönlichen Lebensgeschichte zeigt sich die Frau aus Sychar so recht als „Tochter Jakobs", da sie bereits mit dem sechsten Mann zusammenlebt (Joh 4, 18). Die Begegnung mit Jesus, dem siebten Mann (der sich freilich in bemerkenswerter Weise von bisherigen Bekanntschaften unterscheidet), findet nicht zufällig am *Brunnen* statt. Denn in den Patriarchengeschichten ist der Brunnen *der* Ort der Begegnung zwischen Frau und Mann, der Liebeswerbung und des ersten Kusses (Gen 24, 10 ff; 29, 2–12). Daß der Brunnen darüber hinaus ein besonders zentrales Symbol der Brücke zwischen Bewußtem und Unbewußtem ist und damit der *Wandlung*, machen schon die Märchen klar. In dem bekannten Märchen „Frau Holle" führt der Weg zur Selbstfindung als Frau über den Brunnen, in den das Mädchen hineinspringt, um die blutig gewordene Spindel wiederzuholen, das heißt ihre durch die Monatsblutung verlorene kindliche Unschuld zurückzuerlangen. Wir wissen, daß sie statt dessen zur Auseinandersetzung mit der Aufgabe, Frau zu sein, gezwungen wird.

Es gibt keine Therapie, in der nicht die Begegnung mit dem anderen Geschlecht eine wesentliche Rolle spielt. Die Folge der ge- oder mißglückten Liebesgeschichten beginnt zwischen Mutter und Kind mit dessen Geburt und prägt entscheidend das Drama des Lebens. Hier gibt es kein Zurück hinter Sigmund Freud, auch wenn seine Theorien im einzelnen korrekturbedürftig sind. Wie besonders der französische Theologe und Psychotherapeut Marc Oraison darlegte, hat niemand so eindrucksvoll wie Freud gezeigt, daß der Mensch lieben und geliebt werden muß, um den Sinn seines Lebens zu finden, und daß er gerade dies aus eigener Kraft nicht schafft (Zwischen Angst und Illusion). Da Sinnfindung entscheidend damit verbunden ist, daß ich mich selbst in meiner Geschlechtlichkeit als Frau oder als Mann anzunehmen lerne, wird das Gefühl von Sinnlosigkeit immer auch von unverarbeiteten sexuellen Konflikten und enttäuschenden Begegnungen genährt. Nirgends sind wir ja so verletzlich wie in diesem Bereich, können wir so tief gedemütigt und seelisch verwundet werden. Jeder Mensch hat deshalb Sexualität als angstmachend-bedrohliche Erfahrung ein Stück weit verdrängt und hat in seinem Unbewußten die Frau aus Samaria, die sich die Männer nimmt, wie sie Lust dazu hat.

Dieser Lustaspekt ist nicht nur durch enttäuschende Erfahrungen blockiert, sondern oft noch stärker durch moralische oder religiös begründete Verbote, die früh den sexuellen Lustgewinn als sündhaft brandmarkten („Pfui, faß da nicht hin!"). Es leuchtet ein, daß eine dementsprechende Erziehung um so nachhaltiger jede ehrliche Begegnung zwischen den Geschlechtern verhindert, je früher sie verinnerlicht wurde. Wenn aber die Sinn-lichkeit in so entscheidender Weise verbaut ist, weil der Zugang zu ihr durch mächtige Sanktionen blockiert ist, kann Sinn als *lebendige* (Selbst-)Erfahrung nicht mehr gefunden werden. Er wird dann in der Regel ersatzweise als theoretisches (philosophisches oder theologisches) System konstruiert, um mit ihm jedes beunruhigende Gefühl der Leere abzuwürgen: „Das brauche ich nicht, so etwas habe ich nicht nötig!"

Es erübrigt sich, dafür Beispiele zu nennen, wie sehr die Sinnsuche in endlosen Diskussionen lediglich die tiefe Unfähigkeit darlegt, die Frage nach dem Sinn wirklich „mit Herz und Sinn" zu verbinden und über das eigene Lebensgefühl zu sprechen.

Wie verläuft nun auf diesem Hintergrund die Begegnung zwischen Jesus und der Samariterin?

Zunächst tritt Jesus als der in Erscheinung, der um Hilfe beim Wasserschöpfen bittet: „Gib mir zu trinken" (4,7) Jesus wendet sich an die Frau, was diese ja auch so wundert.

In ähnlicher Weise erlebe ich in Therapien, wie streng „christlich" erzogene Klienten den Gedanken abwehren, Jesus Christus bitte gleichsam darum, durch seinen Geist in ihrem Leib, in ihrem *Bauch*, d. h. ihrer Sinnlichkeit, wohnen zu dürfen.

Wir haben freilich eine „einleuchtende" Begründung: Das geht doch gar nicht. Gott hat doch nichts mit unserer Sinnenlust zu tun. Das sind doch völlig gegensätzliche Bereiche (4, 9). Aber durch Jesus wird uns gesagt: Gott hat Verlangen nach dem Menschen, sucht die Gemeinschaft mit ihm, will eine Liebesgeschichte am Brunnen beginnen.

Dies kann für Menschen mit einem sehr starren, autoritären Gottesbild eine umwerfende Erkenntnis werden. Allerdings braucht es auch oft viel Zeit, bis eine solche Botschaft ins Herz gelassen werden kann.

Jesus weiß, daß der Durst, der die Menschen aus der Stadt zum Brunnen treibt, nur der Ausdruck des tiefsitzenden Lebensdurstes ist, der durch keine Menge Alkohol gestillt werden kann. – „Das Furchtbare ist, daß man sich nie genügend betrinken kann" (Le terrible, c'est qu' on ne peut jamais se griser suffisamment), schreibt André Gide in seinem Tagebuch (zitiert nach J. Pieper, Glück und Kontemplation, S. 13 und 117). Auch hierzu hat die Menschheit bekanntermaßen im Bild des „Lebenswassers", das sich in Mythen und Märchen findet, ihrem Wissen um die nie zu stillende Sehn-sucht nach *Leben* Ausdruck gegeben, worauf wir aber an dieser Stelle nicht weiter einzugehen brauchen. (Vgl. dazu meine im Anschluß an Joh 4 konzipierte Erzählung „Das Lebenswasser" in: Und nahm sie in seine Arme. Eine Theologie für Kinder in Geschichten, Bd. 1, S. 124–127.)

Dafür ist es aufschlußreich, zu verfolgen, wie wenig die Samariterin Jesu Führung ins „Innere" folgen will und sich statt dessen auf eine Diskussion um theologische Probleme verlegt. Warum sie dorthin ausweicht, wird gleich zu Beginn des Gesprächs klar: Sie weiß nicht, daß Gott, das lebendige Wasser selbst, ihr in Jesus begegnet (4, 10). Deshalb diskutiert sie darüber, ob Jesus größer als der Stammvater Jakob ist (4, 12) und wo man Gott anbeten soll (4, 20). Darum bleibt sie auf der Ebene des „Habens", wenn sie Wasser will, das für immer den natürlichen Durst löscht, damit sie nicht mehr zum Brunnen kommen muß (4, 15). Jesus aber will die Aufmerksamkeit der Frau darauf lenken, daß *sie* es sein müßte, die bittet: Unser verdrängtes und dadurch vertrocknetes Lebensgefühl, das sich sinnenhaft-lustvoll entfalten soll, ist vertrocknet und süchtig nach *Leben.* Warum wagen wir nicht mehr zu bitten: „Gib mir zu trinken?" oder in der Sprache des Kindes: „Hab' mich doch lieb?" Ist die Enttäuschung so tief, daß ich diese Bitte nicht mehr aussprechen kann? –

Der Glaube, das Vertrauen in solches Lebenswasser, ist geschwunden. Wie sollte es vorstellbar sein, daß *in mir selbst,* in meinem Bauch (vgl. Joh 7, 37–38) eine Quelle lebendigen Wassers sich befindet, die sprudeln will (4, 14)?

Es ist höchst aufschlußreich, wo Jesus ansetzt, um die Ebene der verstandesmäßigen Argumentation zu durchbrechen und die Frau einen Schritt hin zu der einzig heilmachenden Erkenntnis, der Erkenntnis seiner Person (4, 10; vgl. 1, 18 u. v. a.), zu führen. Ihrer Bitte um Erleichterung ihrer Lebenssituation (4, 15) begegnet Jesus mit der zunächst unverständlichen Aufforderung, sie solle ihren Mann holen (4, 16). Im folgenden stellt sich ja heraus, daß Jesus weiß, daß sie keinen Mann hat, das heißt, nicht rechtmäßig verheiratet ist. Mit dieser Frage zwingt Jesus also die Frau, wirklich *über sich selbst* zu reden (4, 17). Das hat sie vorher nicht getan.

In einer Therapie kann es viele Stunden dauern, bis jemand beginnt, *von sich* zu sprechen. Oft ist das ein erster Schritt zur Selbsterkenntnis, wenn mir bewußt gemacht wird, daß ich dauernd „man" sage oder berichte, wie meine Frau (mein Mann, mein Chef etc.) darüber denkt.

Der Durchbruch wird bei der Frau dadurch erzielt, daß Jesus ihr ‚alles sagt, was sie getan hat' (4, 29.39). Damit ist ausgedrückt, daß sie die vielen Beziehungen zu Männern schuldhaft erlebt hat und jetzt von Jesus vor diese Lebensschuld gestellt wurde. In der Art und Weise, wie Jesus mit diesem Wissen umgeht, liegt aber das heilende Moment, das der Frau zum Glauben an Jesus als Messias (von Gott gesandter Retter) verhilft: Jesus urteilt nicht, und schon gar nicht verurteilt er. Er sagt nur, wie es ist (4, 18).

Zweifellos entscheidet sich auch im Prozeß der Therapie im Umgang mit der unbewußten *wahren* Schuld, ob die Frage nach dem Sinn meines Lebens ersatzweise beruhigt oder ob sie mit der

Ein-sicht in meinen wahren Zustand beantwortet wird. Seelisches Leiden ist, wie wir noch sehen werden, wesentlich bedingt durch nicht vergebene Schuld. Heilung setzt deshalb das Erkennen und Bekennen voraus, wozu das therapeutische Gespräch helfen will.

3.4 Wenn mir einer die Augen öffnete
Blindenheilung (Mk 8, 22–26; Joh 9, 1–17)

A. *Sie kamen nach Bethsaida.*

Dorthin also kommt er auch. Dort warten Menschen auf ihn. „Haus der Jäger" heißt der Ort.

Meine ganze Aufmerksamkeit wird gefesselt durch das, wonach ich jage. Was ist es? Wohin fließt meine Lebensenergie?

Da brachten welche einen Blinden zu Ihm.

Ein Blinder, ein blinder Jäger.

Was ist ausgeblendet aus meinem Leben? Was sehe ich nicht, was will ich nicht sehen? Manchmal mache ich einfach die Augen zu, weil mir alles zuviel ist ...

Aber ich weiß nicht, daß ich blind bin und will es nicht wissen. Andere müssen es mir zeigen. Ich brauche den anderen, damit ich meine Blindheit erkenne. Er muß mir Mut machen, meine Lebenslüge aufzugeben, muß mir meine Hilfsbedürftigkeit bewußt machen. Ein anderer übergibt mich dem Christus in mir, der allein meine Blindheit in *sein* Leben hineinnehmen und mein Leben lichten kann.

Sie baten, daß er ihn berühre.

Mit welcher Zielstrebigkeit geht diese Bitte auf das Eigentliche zu: auf den Kontakt mit dem *Leben,* mit der Quelle, aus der Leben fließt.

Was ruft dieses Wort in mir wach, „berühren"? Welche Sehnsucht weckt es, welche Bilder?

Und er nahm den Blinden bei der Hand und führte ihn zum Dorf hinaus.

Der Blinde muß Bethsaida verlassen und das aufgeben, was vielleicht ein Stück weit Geborgenheit und Lebensglück bedeutet(e), mag es auch noch so wenig gewesen sein.

Der Heilungsvorgang beginnt nicht im „Dorf", in dem mich prägenden und beeinflussenden Kollektiv.

Dazu braucht es die reinigende Erfahrung des Alleinseins; denn vor dem Dorf beginnt die Wüste, der Ort der Trockenheit und inneren Kämpfe. Aber ich darf dabei eine Hand spüren ...

Dann benetzte er dessen Augen mit Speichel und legte ihm die Hände auf.

Kühlende Feuchtigkeit und die Wärme der Finger legen sich auf die blinden Augen.

Wann habe ich das letzte Mal geweint? Und ist meine Traurigkeit schon erstarrt und versteinert? Auch die heilende Feuchtigkeit muß mir geschenkt werden. Meine Versuche, mir das Lebenswasser zu holen, sind alle fehlgeschlagen (vgl. Joh 5, 1–9). Und die wärmende Berührung?

Ich sammle mich jetzt und schließe die Augen. Dann lege ich die Finger einer Hand auf ein Auge, ganz leicht und ohne jeden Druck.

Ich spüre die Wärme, die von der Hand in das Augenlid fließt und sich ausbreitet. Dabei lasse ich das Auge gleichsam ausruhen, während es gewöhnlich angestrengt auf die Wahrnehmung der Außenwelt konzentriert ist. Ich mache mir bewußt, daß Leben Berührung ist.

Und er fragte ihn: „Siehst du etwas?" Der blickte auf und sagte: „Ich sehe die Menschen. Denn ich sehe etwas wie Bäume umhergehen".

Wie durch einen Schleier, umrißhaft, schemenhaft zunächst, sieht der Blinde die Menschen. Es sind schattenhafte Gestalten. Noch könnten es auch Bäume sein; denn noch ist kein Du erkennbar, keine lebendige Beziehung.

Meine Blindheit hat mich den Menschen „entfremdet". Ich

sehe sie nicht mehr als *Menschen*. Vielleicht gebrauche ich sie. Langsam nähern sie sich wieder ihrer Gestalt. Es kommt Bewegung in mein Verhältnis zu ihnen. Aber noch ist aus dem Gegenstand, dem „Es" kein „Du" geworden *(M. Buber)*.

Er legte ihm nochmals die Hände auf die Augen. Da sah er scharf und war wiederhergestellt und sah alles ganz deutlich.

Noch einmal die belebende Kraft des Geistes im uralten Zeichen der Handauflegung. Der Geist ist Wahrheit: Er schafft das Leben neu, so wie es von Gott her gedacht war. Meine Blindheit ist immer auch eine Frucht meiner Lebenslüge. Lasse ich den Geist Jesu von innen her in mir Raum, dann zerreißt er die Lüge, die Finsternis ist und führt in die Wahrheit, die Un-verborgenheit.

Will ich alles ganz deutlich und klar sehen?

Hierauf schickte er ihn nach Hause und sagte: „Geh' aber nicht ins Dorf hinein".

Noch ist es zu früh, in die Gemeinschaft zurückzukehren. Das Erfahrene ist nicht geeignet, ausgeplaudert zu werden.

Zunächst muß ich bei mir bleiben. Ich muß lernen, mich aufzuhalten ohne den Schutzmechanismus des Nicht-sehen-wollens. Das ist nicht leicht. Denn zu Hause, in meinem Inneren, hausen schmerzhafte Er-innerungen, die mich warnen, mit sehenden Augen weiterzugehen.

B. „Blind für etwas sein", dafür hat die Weisheit der Sprache so manche Redewendung bewahrt. Der Mensch weiß also schon immer um dieses rätselhafte „Nicht-wahrhaben-wollen", mit dem wir uns das „Leben" erträglicher machen. Wie früh wir uns unter bestimmten Umständen weigern, hinzusehen, zeigt die verbreitete Kurzsichtigkeit, die wir dann künstlich durch Augengläser und Kontaktlinsen korrigieren müssen.

In welche Welt wollte ich denn nicht hineintreten, daß ich schon kurzsichtig geboren wurde?

Ich selbst habe mir die Frage in dieser Form auch erst sehr spät gestellt. Lange Zeit gab ich mich mit der Antwort zufrieden, meine Kurzsichtigkeit sei die Folge einer Nierenerkrankung meiner Mutter während der Schwangerschaft. Das erklärt die Sache wissenschaftlich – und ich bin aus dem Schneider.

Erst als ich begann, mich als Leib und Geist in untrennbarer Einheit zu begreifen und meine Lebensgeschichte als Spiegel bestimmter Grundentscheidungen zu verstehen, ahnte ich, daß die Geschichte von Blinden, die das Neue Testament enthält, meine Geschichte ist.

Wie steht es also um meine Blindheit?

In ihr offenbart sich mein Unwille und (zunehmend) meine Unfähigkeit, mich selbst und die „Welt" so zu sehen, wie sie vielleicht wirklich ist. Der Grund dafür ist auch hier wieder, das *Leid* zu vermeiden, das ich aushalten müßte, wenn ich die Einsicht zuließe, daß meine Sehnsucht nach Liebe und Zuwendung immer wieder enttäuscht wurden und ich mich deshalb von den Menschen abgeschottet habe. Daraus entsteht die Blindheit. Sie wird zum Schutz gegen den Schmerz, nicht als der geliebt worden zu sein, der ich bin.

Mein Lehrer Hans Böhringer pflegt diesen Prozeß durch ein „Schleierexperiment" zu verdeutlichen: Er legt einen dünnen Schleier über mein Gesicht und fragt, ob ich noch etwas sähe. Ich kann dies bejahen. Auch beim zweiten und dritten Schleier sind Umrisse der Außenwelt noch zu erkennen. Aber dann wird es zunehmend dunkler, bis ich gar nichts mehr sehe. Jede neue schmerzliche Erfahrung, so lehrt dieses „Experiment", veranlaßt mich, einen weiteren Schleier auf meine Augen zu legen, solange, bis ich nur noch in meiner eigenen Phantasiewelt gefangen bin. Wenn ich eines Tages sage: „Ich sehe nichts", dann lüge ich nicht. Ich kann meinen wahren Zustand wirklich nicht mehr erkennen. Wie sollte ich also, in mir eingemauert, einen Sinn, das heißt doch: eine Richtung erkennen, in der mein Leben sich entfalten könnte?

Der biblische Text beschreibt den umgekehrten Vorgang und bezeichnet ihn treffend als „Wiederherstellung" (8, 25 b). Es ist, als ob im Heilungsvorgang, den Jesus in Gang bringt, die Schleier nach und nach abgenommen würden, bis ich wieder „alles ganz deutlich" sehe. Jetzt sehe ich die Menschen, besonders auch mich selbst, wie sie tatsächlich sind. Mit dieser Erkenntnis muß ich „nach Hause" gehen, nämlich mich zu mir selbst wenden. Denn was ich da sehe und was bisher durch mein „inneres Kino" *(H. Böhringer)* verdeckt war, fordert meine ganze Kraft.

Woher kommt diese Kraft?

Aus der Berührung mit Jesus.

Wie sehr diese Berührung ein Vorgang neuschaffenden Lebens ist, hat Michelangelo in der Sixtinischen Kapelle unnachahmlich dargestellt.

Jede Berührung, die den anderen wirklich meint, die ihm Nähe und Zuwendung bewußt zeigen will, nimmt teil an dem Leben schaffenden und Leben erneuernden Vorgang, den unser Text exemplarisch schildert und den er ausdrücklich mit der Gegenwart Jesu verbindet. In einer einfachen Übung wie etwa der bewußten Berührung des Auges, kann uns etwas von dem aufgehen, was dem Blinden geschieht.

Meine Blindheit ist ja die Folge mangelnder Wärme und der Versuch, der Kälte der Abweisung durch andere zu entgehen. Mit der Handauflegung kann deshalb auch die „Wiederherstellung" beginnen, das Zurückziehen der Schleier, so daß ich endlich den Menschen – mich und die anderen – so sehen kann, wie sie sind (Mk 8, 25).

Wasser und Geist, wie sie uns besonders in der Geschichte von Nikodemus (Joh 3) als „Grundmuster" heilen Lebens deutlich wurden, werden hier ver-mittelt durch die Feuchtigkeit des Speichels (der wie Salbe auf die Augen gestrichen wird, vgl. Joh 9) und die Handauflegung, uraltes Zeichen der Geistverleihung. Dadurch aber, daß beide, Wasser und Geistspendung, als ganz persönliche Gabe Jesu gereicht werden, bekommen sie letztlich *seine* Gestalt: das Lebensurelement Wasser zu seinem Speichel, der Leben schaffende Schöpfergeist bedient sich seiner Hände.

Damit ist unsere Sinnsuche darauf verwiesen, daß Er uns das wegnimmt, was uns in der Blindheit verharren läßt, weil wir nicht vergeben können: daß unser elementarer Lebenswille verachtet wurde und daß uns statt heilender Berührung Schläge trafen. So wendet sich unser Blick auf den, der angespien und geschlagen wurde (Mk 15, 19) (siehe Kapitel 5).

Abschließend sei noch ein Wort zu den Blindenheilungserzählungen in Mk 10, 46–52 und Joh 5, 1–9 erlaubt, die andere Aspekte meiner Unfähigkeit, der Wahrheit ins Auge zu sehen und weitere Momente des Heilungsprozesses entfalten:

Die Perikope vom blinden Bettler Bartimäus (Mk 10) erhellt nicht nur mein totales Ausgeliefertsein an die Blindheit, so daß ich nur noch um Hilfe schreien kann: Sie hebt zugleich die Bedeutung der Mit-menschen bei der Entstehung, Verfestigung, aber eben auch der Heilung meines Zustandes hervor. Die Tatsache, daß ich von denen, die um mich waren, angefahren wurde, still zu sein, wenn ich meinen Gefühlen von Wut und Traurigkeit Raum geben wollte (Mk 10, 48), trieb mich ja immer mehr in die Blindheit hinein. Es sind dieselben Menschen, die auf Jesu Wort hin mir auch Mut machen können, aufzustehen und mich Jesus anzuvertrauen (10, 49). Wir alle sind in unserer Kindheit in dieser zweifachen Weise den von uns geliebten Eltern ausgeliefert gewesen (vgl. dazu: H. Jaschke, Und nahm sie in seine Arme, Bd. 2, S. 123 ff).

In der Therapie werden diese ins Unbewußte abgesunkenen Vorgänge wieder lebendig: Das Bettlersein wird schmerzlich und oft als demütigend erlebt und zunächst häufig mit heftigem Widerstand beantwortet. Das elterliche „Sei doch endlich still!" drückt die aufkommenden Gefühle schnell wieder hinunter. Es bedarf manchmal einer langen, behutsamen und geduldigen Begleitung, bis dem Klienten so viel Mut gemacht wird, daß er sich bettelarm fühlen und mit diesem Elend sich anvertrauen darf, ohne zu befürchten, dafür verachtet oder verurteilt zu werden.

Die zentrale Heilungserzählung in Joh 5 gipfelt in der Frage: „Willst du gesund werden?" (5, 6), während ich ein Leben lang auf ein Wunder warte (5, 7).

Daß es das Wunder der Heilung gibt, setzt unser Text dabei voraus. Der Mensch weiß in der Tiefe seines Herzens um diese Möglichkeit, im Wasser des Lebens neu zu werden (vgl. Joh 3 und 4). Jesu Frage hebt das Heilungsgeschehen aber auf die Ebene des Personalen: Ich muß diese Neuwerdung *wollen*.

Wir wissen ja inzwischen zur Genüge, wie wenig selbstverständlich dies ist und wie viel uns am Alten, Gewohnheiten festhält. Die Psychotherapie spricht von Krankheitsgewinn, der gerade bei der Blindheit sehr klar ist: „Was ich nicht weiß, das heißt: sehe, macht mich nicht heiß", sagt der Volksmund. So bin ich also entschuldigt, weil ich ja nicht sehe, was notwendig ist. Es ist niemand gekommen, der mir geholfen hat (5,7).

Eine Klientin bringt zur vierten Therapiestunde folgenden ein-drucksvollen Traum mit: Ich klettere mit D. (der Freund der Klien-tin) einen Eisberg hoch. Fast am Gipfel falle ich und schwebe in die Tiefe. Unten komme ich in ein Haus und mache das Schlafzimmer auf. Alles ist vereist. Auf dem Eis sitzt eine schwarze Katze, die blu-tet, weil sie schwer verletzt ist. Ich denke, sie ist tot, doch dann be-wegt sie sich doch und ich habe Angst vor ihr. Ich rufe draußen nach Leuten. Sie sollen der Katze helfen, ihr etwas zu fressen geben. Ich lauf dann davon. Ich selbst kann ihr nicht helfen ...

Die Weigerung, der „Katze" selbst zu helfen, sich um sie zu kümmern ist bei der Klientin so stark, daß es eine Zeitlang den Prozeß der Therapie blockiert.

Sie will zunächst nicht zur nächsten Sitzung kommen und braucht lange, bis sie weiterarbeiten will. So drastisch hatte der Traum ihre wahre Situation gezeichnet.

Jesu Frage „Willst du gesund werden?" darf dennoch nicht als *Bedingung* seiner heilenden Zuwendung interpretiert werden. Jesus wendet sich dem Menschen am Teich Betzata deshalb zu, weil er „diesen daliegen sah und erfuhr, daß er schon lange krank sei" (5,6). Und auf seine Frage erhält er auch nicht ein klares „Ja", sondern der Blinde klagt über seine bisherigen ver-geblichen Versuche, als erster in das in Wallung geratene Wasser zu steigen. Jesus genügt dies, um ihn zu heilen (5,8) und er war-tet nicht auf eine eindeutige Antwort auf seine klare Frage. Er ist also mit seiner bedingungslosen Annahme des Menschen dessen bewußt vollzogener Entscheidung immer schon voraus, ohne sie dadurch zu ersetzen.

4.

Die verdrängten Gefühle

Über Gefühle und Verdrängung zu sprechen ist heutzutage „in". Man kann es schon fast nicht mehr hören. Und der Leser wird mit einem gewissen Recht zunächst vielleicht ärgerlich feststellen, daß nun also auch das Neue Testament damit zu tun haben soll.

Dieser abwehrende Einwand und der ihn begleitende Ärger – übrigens ein berechtigtes und verständliches Gefühl! – soll im folgenden nicht einfach übergangen, beiseitegeschoben werden. Es wird vielmehr darauf ankommen, sehr genau zu begründen, warum diese Thematik dennoch unverzichtbar hierher gehört, wenn von Psychotherapie, von Heil und Heilung der Seele, ernsthaft gesprochen wird.

Da ist zuerst einmal die schlichte Tatsache zu nennen, daß die Unfähigkeit, seine Gefühle in einer der Situation angemessenen Weise zu äußern, geradezu das Grundproblem jedes Menschen ist, der Hilfe in seelischer Bedrängnis und Ausweglosigkeit sucht. Der ungehinderte Zugang zu den eigenen Gefühlen und die Fähigkeit, Gefühlsregungen so zu er-leben, daß sie das Lebensgefühl bereichern, ist das Kennzeichen des seelisch gesunden Menschen, ein Idealzustand, der wohl nur selten Wirklichkeit wird.

Die Gründe dafür, daß die meisten von uns mit den Gefühlen ihre Probleme haben, und daß sehr viele Menschen erkranken, weil sie von ihren Gefühlen mehr oder weniger abgeschnitten sind, werden von allen tiefenpsychologischen Schulen in der frühen Kindheit gesucht, so unterschiedlich die Erklärungsmodelle im einzelnen dann auch sein mögen. Das ist leicht einzusehen, wenn wir uns klarmachen, daß die Möglichkeit, Eindrücke bewußt zu verarbeiten, ein relativ spätes Stadium der Ich-entwicklung ist. Die im wahrsten Sinne des Wortes grund-legenden, nämlich unsere Beziehung zu Menschen und „Welt" prägenden Erfahrungen spielen sich auf der unbewußten Ebene in den ersten Lebensjahren ab. Das aber ist die Ebene der *Gefühle.*

Was kennzeichnet nun dieses Erleben? Zunächst: Es ist – im Gegensatz zur bewußten Auseinander-setzung-ein *ganzheitliches* Geschehen. Damit ist ausgedrückt, daß die Möglichkeit fehlt, Erlebnisse zu differenzieren, indem ich verschiedene Faktoren unterscheide und auseinanderhalte. Nehmen wir ein Beispiel: Die Mutter läßt ihr Kind alleine, weil sie endlich einmal wieder am Abend ins Theater gehen will. Das Kind schreit vor Wut und Angst, um die Mutter zum Dableiben zu zwingen, doch ohne Erfolg. Jemand anderer, etwa der Vater, wird das Kind – auf welche Weise auch immer – zum Schweigen bringen, weil ihn das Geschrei „nervt". Bei einer anderen Gelegenheit muß die Mutter ins Krankenhaus und ist gezwungen, das Kind zu verlassen. Auch hier reagiert dieses mit Schreien. Es kann sich mit Motiven der Mutter nicht auseinandersetzen, kann nicht verstehen, daß es diesmal sein muß. Trennung von der Mutter als Quelle von Lust und Wärme, von Leben, ist in jedem Fall eine Katastrophe, eine Lebensbedrohung, gegen die das Kind sich nach Kräften wehrt. Die Mutter ist „gut" oder „böse", je nachdem, ob sie die Bedürfnisse des Kindes (und ein kleines Kind *ist* seine Bedürfnisse und hat sie nicht) erfüllt oder sich ihnen (bzw. ihm) versagt.

Wie kommt es nun aber zur Verdrängung?

Auch dieser Vorgang ist gut einsehbar, wenn wir uns an die Bedeutung der Mutter (Eltern, Geschwister) erinnern, von der im ersten Kapitel ja schon mehrfach die Rede war.

Etwas vereinfacht können wir zwei Faktoren nennen, die das Kind dazu zwingen, auf bestimmte Bedürfnisse zu verzichten: Der erste ist die totale Angewiesenheit des (kleinen) Kindes auf die Mutter. Sie *kann* einfach nicht in der umfassenden Weise immer für das Kind dasein wie dieses es wünscht.

Der zweite Faktor ist die „Maßlosigkeit" der kindlichen Ansprüche. Die Welt, in die es hineingeboren wird, kann sie nicht erfüllen.

Aus dieser Konstellation ergibt sich, daß das Kind, um zu überleben, auf das Wohlwollen und die Zuwendung der Mutter angewiesen ist, daß es aber gleichzeitig immer wieder auf bestimmte Ansprüche verzichten muß, weil die Mutter sie nicht befriedigen kann. Verzichte und Enttäuschungen sind notwendig für den Reifungsprozeß des Kindes und die dabei auftretenden Gefühle von Wut und Angst bräuchten nicht unterdrückt zu werden, wenn sie von der Mutter verstanden und zugelassen würden. Nun ist aber die Mutter (Eltern) dazu aus verschiedenen Gründen nicht fähig. Sie kann solche auf sie gerichteten Gefühle nicht „vertragen" und reagiert auf sie in einer Weise, die das Kind als Ablehnung empfindet. Wenn wir uns dabei an das oben Gesagte erinnern, wissen wir, daß das Kind *sich selbst* abgelehnt fühlt und nicht seine Äußerungen.

Neben der aktuellen seelischen „Verfassung", in der sich die Mutter befindet und die es ihr unmöglich macht, den Gefühlsäußerungen des Kindes Verständnis entgegenzubringen (es „nervt" sie), sind dabei vor allem zwei Begrenztheiten der Mutter zu nennen, die ihr Verhalten dem Kind gegenüber bestimmen: Einmal eigene unbearbeitete Konflikte und zweitens (damit meist eng zusammenhängende) bestimmte „Erziehungsgrundsätze". Beides ist in der Regel unbewußt und deshalb um so wirkmächtiger. Wut- oder Angstgefühle (um einmal bei diesen beiden zentralen Gefühlen zu bleiben) machen der Mutter selbst angst und mit der Abwehr beim Kind versucht sie auf dem Weg der Projektion eigenes Erleben zu „bearbeiten". Das Kind kann die Mutter dabei an ihr eigenes Kindsein, aber auch ihre Eltern (Geschwister, Ehemann) erinnern, mit denen sie sich nicht auseinandersetzen kann (oder/und will). „Erziehungsgrundsätze" bauen darauf auf, reichen aber meist noch tiefer, weil sie Abwehrhaltungen und Projektionen ganzer Generationen beinhalten können. Das gilt in besonderer Weise vor allem auch von sogenannten „christlichen" Erziehungsgrundsätzen, wonach dem Kind das „Böse" – worunter Wut gegenüber den Eltern mit an erster Stelle stand – mit dem Stock ausgetrieben gehört. Schauermärchen, nach denen eine Hand, welche die Mutter geschlagen hat, später aus dem Grab herauswächst, geben Zeugnis von der Anschauung, daß es sich dabei um ein Kapitalverbrechen handelte. Sei es nun, daß man bis in die Gegenwart hinein an der mittelalterlichen Auffassung festhielt, ein wütendes Kind ("Jähzorn" nannte man das) sei vom Teufel (Dämon) besessen, der nur durch strenge Züchtigung weiche, oder daß man das Kind wegen der Verletzung des vierten Gebotes: "Du sollst die Eltern ehren" bestrafte, um es vor der Höllenstrafe zu retten, – in jedem Fall dienten und dienen solche Anschauungen der Abwehr eigener nicht bewußter, bzw. nicht eingestandener "unchristlicher" Regungen, muß das eigene Böse im Kind bekämpft werden (vgl. H. Jaschke, Das Böse in der Erziehung).

Je starrer die Grundsätze sind, die das Erziehungsverhalten der Eltern prägen, um so mehr hat sich das Kind einem ganz bestimmten Bild von einem "braven Kind" gemäß zu verhalten und muß damit rechnen, daß davon abweichendes Verhalten unnachsichtig mit Liebesentzug und (oder) schmerzlichen Strafen geahndet wird. Je kleiner das Kind ist, um so mehr ist es aber auf die Zuwendung der Mutter und Geborgenheit angewiesen. Deshalb erkauft es sich diese dadurch, daß es sich alle von der Mutter nicht gewünschten Verhaltensweisen "abgewöhnt". Da diese aber mit bestimmten Gefühlen verbunden sind, müssen solche Gefühle verdrängt werden.

Der Stuttgarter Psychotherapeut Hans Böhringer spricht von sieben Katastrophengefühlen, die jeder Mensch – auch wenn er nicht "neurotisch wird – verdrängt hat:
1. Angst (vor Trennung)
2. Schmerz (durch Ablehnung, Strafe, Liebesentzug)
3. Wut (Rachegefühle)
4. Erschrecken vor der eigenen (von der Mutter verachteten) Lust
5. Verzweiflung (Entmutigung, Hoffnungslosigkeit)
6. Unfähigkeit zu sagen: "Hab mich lieb!"
7. Haß gegen Gott (der mir ein solches Leben zumutet)
Aus diesen Gefühlen ist das menschliche Herz mitaufgebaut und je stärker sie verdrängt werden mußten, um so härter ist dieses Herz, weil der Mensch diese Gefühle im "Charakterpanzer" (Reich) einfriert.

Mit dem als siebtes genannten Gefühl des Hasses gegen

Gott ist zugleich angedeutet, weshalb eine Heilung des ganzen Menschen wie sie Jesus angestrebt hat, notwendigerweise gerade die Gefühle (biblisch: das Herz) miteinbeziehen muß. Denn letztlich weiß der Mensch darum, daß Gott dieses Leben – also auch den geschilderten Prozeß der Verdrängung – zuläßt, daß er „mir solche Eltern gegeben hat", daß er „mir diesen Trieb (Sexualität) eingepflanzt hat". Deshalb richtet sich Wut und Haß auch gegen Gott. Weil das aber in einer „christlichen" Umwelt besonders schlimm ist, wird es besonders gründlich verdrängt und auf die „bösen Atheisten" projiziert. Die Folge ist, daß „Glaube" im Sinne des biblischen „Sich-an-ver-trauen" Gott gegenüber nicht möglich ist (oder nur „im Kopf"), weil aus der Tiefe immer wieder unbewußte Warnungen abgegeben werden, auch Gott nicht zu vertrauen, der gar nicht „alles so herrlich regieret", wie es das Kirchenlied singt.

Als seelisches Urbild (Archetyp) ist dem Gefühl *die Frau* (Anima), zugeordnet. Es erübrigt sich, darauf näher einzugehen oder diese Feststellung gegenüber Mißverständnissen zu verteidigen. Dazu gibt es eine breite Literatur, vor allem in Büchern zum Umgang mit Träumen. Für unseren Zusammenhang ist vielmehr die Beobachtung wegweisend, daß im Neuen Testament die Begegnung mit Frauen im Heil(ung)swirken Jesu eine überragende Bedeutung gewinnt. Nicht zufällig geschieht sie oft in Heilungswundern im engeren Sinn; das heißt, daß allein die Heilsmacht Jesu eine Rettung der totkranken Gefühle vollbringen kann.

In den verdrängten Gefühlen ist ja das Leben in der Tiefe verwundet, verstümmelt und erkaltet. Dort vermag letztlich nur Gott durch Seinen Geist die Totengebeine neu zu erwecken (vgl. Ez 37).

4.1 Ich ärgere mich über mich selbst
Martha und Maria (Lk 10, 38–42)

A. *Als Jesus in ein Dorf kam, nahm ihn eine Frau namens Martha in ihr Haus auf. Sie hatte eine Schwester namens Maria.*

Die *Frau* beherbergt. Sie bietet ihren Schoß und ihr Haus für den, der unterwegs ist.

Es geht um das Grundgefühl der Ge-borgen-heit: Wärme, Schutz, Angenommensein gehört in seinen Raum.

Und trotz allem ein Stück Weite; denn Enge macht Angst, das entgegengesetzte Gefühl von Geborgenheit. Jesus, der Mensch, braucht das auch: der Frau Schoß (vgl. Lk 1, 31: „Siehe, du wirst empfangen und einen Sohn gebären und sollst ihm den Namen Jesus geben") und der Frauen Heim (vgl. Lk 8, 1 ff: Viele Frauen dienten Jesus; Joh 12, 1 ff: Jesus zu Gast bei Maria, Martha und Lazarus). Sein Weg ist der des Menschen, der ich bin ... – Doch bin ich bei mir zu Hause? Oder laufe ich mir gewöhnlich davon? Fühle ich mich wohl bei mir selbst? – – Martha und Maria, die Schwestern:

Wenn mir der Text hilft, ein Stück weit mit Jesus in das innere Haus der Gefühle zu wandern, was sagen sie mir? Zunächst ist da Martha, die „Auffordernde", Sie scheint ein aktives Element darzustellen in deutlicher Spannung zu Maria, was sowohl „Geliebte Gottes" (Myrjam) als auch „Meer der Bitterkeit" (Marjam) bedeuten kann. Was soll dieser Name ausdrücken, welche Erfahrung steht dahinter ...?

Maria setzte sich zu Füßen des Herrn und lauschte seinem Wort. Martha war durch viele Dienste beansprucht.

Wie sich das „Zu-Haus-sein-wollen" auseinanderfaltet in eifriges Bemühen, diesen Ort der Geborgenheit zu bereiten (Martha) und unbekümmertes, zu-hörendes Dasein (Maria)!

Kann ich denn einfach so dasitzen? Muß ich nicht wirklich viel tun, um bei mir zu Hause sein zu können? Ist dieses oft so rätselhafte und verwirrende „Ich", das geborgen sein will, nicht doch sehr anspruchsvoll? Und doch gibt es die Schwester Maria, die nichts tut als sich zu Füßen des Gastes zu setzen und ihm zuzuhören. Da ist so ein Vertrauen, daß mein schweigendes intensives Da-sein schon genügt, daß Geborgenheit darin gründet, daß sie empfangend da ist. Keine Aktivität, keine Sorge lenkt dabei ab, kein „schlechtes Gewissen" beunruhigt. Das scheint mir im Blick auf meine Erziehung fast das Erstaunlichste, daß Maria sich dieses Hinsitzens erlaubt ohne Gewissensbisse.

Martha trat hinzu und sagte: „Herr, macht es dir nichts, daß meine Schwester die Bedienung mir allein überläßt? Sag ihr doch, daß sie mir helfen soll."

Martha ärgert sich. Wie gut wir sie schon immer verstehen konnten, wenn wir bisher diesen Text des Lukasevangeliums hörten! Und sie macht ihrem Namen Ehre: Sie fordert Jesus auf, einzugreifen.

Worüber ärgert sie sich eigentlich? Hauptsächlich wohl darüber, daß Maria sich erlaubt, nichts zu tun, während sie alle Hände voll hat. Sie ärgert sich offensichtlich auch über den Gast, der das nicht sieht und die Zweisamkeit von Reden und Zuhören zwischen Maria und sich unbeeindruckt fortsetzt.

Wenn ich daran denke, daß Martha ein Teil von mir ist, und daß ich mich über mich selbst ärgere, dann genüge ich offensichtlich einem Anspruch nicht, den ich an mich stelle um bei mir zu Hause sein zu können. Ich kann mich nicht lassen, wie ich bin, will nicht dastehen und ruhig betrachten, was denn da ist in und mit mir.

Ja, auch hilflos mag ich mich dabei fühlen, überfordert. Hilft mir denn niemand?

Doch der Herr antwortete: „Martha, Martha, du sorgst und beunruhigst dich um viele Dinge. Doch weniger ist notwendig, nur eines. Maria hat den guten Teil erwählt, der wird ihr nicht genommen werden".

Jesus kritisiert den Ärger nicht, er legt seine Wurzel bloß: die Sorge. Daß Geborgenheit, das innere Zuhause be-sorgt werden muß, daß ich dazu „viele Dinge" mir einfallen lassen muß, in diesem Irrtum liegt der Ärger schon beschlossen.

Die Martha in mir will sich das eigene Wohl-befinden ebenso verdienen wie das Wohl-wollen der anderen: Alle sollen zufrieden sein: Eine Frau ist dazu da, ein Heim zu schaffen, wo

„man" sich wohl-fühlt. Mein Michärgern ist die Frucht einer Haltung, die sagt: „Du mußt dir das Leben-s-glück verdienen, erarbeiten." Der Herr sagt: „Nur eines ist notwendig: das WORT zu empfangen, ganz ungeteilt."

B. Von außen betrachtet – auf der Objektebene – handelt unsere kleine Szene in Lk 10, 38 ff. von einer Schwesternrivalität: Dem männlichen Gast gegenüber wählen sie unterschiedliche Verhaltensweisen, um ihm zu gefallen. Im Mittelpunkt steht dabei die Wut der Martha auf ihre Schwester, die sich rausnimmt, die Bedienungsarbeit ihr allein zu überlassen und selbst den körpernahen Kontakt zum Mann sucht und darin ruht. Der Evangelist hat freilich diese Begebenheit so nicht verstanden und die kirchliche Auslegung auch nicht. Schon immer kreisten die Gedanken der Interpreten dabei um die Themen Aktion und Kontemplation, beschauliches und tätiges Leben, Mönchtum und Laiendasein. Daß die beiden Schwestern also bestimmte Haltungen des Menschen und nicht geschlechtsspezifische weibliche Verhaltensweisen darstellen, darüber bestand schon immer große Übereinstimmung.

Der Versuch, das Geschehen auch auf der Subjektebene, also als innerpsychischen Prozeß zu verstehen, ist deshalb nicht neu und hat nichts mit „Psychologismus" zu tun. Die Wut der Martha auf Maria und auch auf den Gast, der nichts unternimmt, erscheint allerdings aus dieser Perspektive als Wut auf mich selbst, eine Gefühlsregung, die wohl niemandem von uns fremd ist und von vielen Menschen als die deutlichste Empfindung überhaupt erlebt wird.

Bevor wir darauf näher eingehen, muß kurz auf das „Katastrophengefühl" der Wut als solches geblickt werden. Wir sahen bereits, daß sich die uns bestimmenden Gefühle (ob bewußt oder verdrängt) in der frühen Kindheit bilden und Reaktionen auf das Geliebtwerden und Nicht-geliebtwerden sind. Geliebt- und Bejaht-werden so wie ich bin erzeugt in mir das Gefühl der Geborgenheit. Ich bin bei mir zu Hause. Nicht als der (die) – jenige angenommen zu werden, der (die) ich bin, gebiert unter anderen Gefühlen (Angst, Schmerz) auch das der *Wut*. In ihm will ich mich am anderen, der mir die Liebe verweigert oder sie an Bedingungen knüpft, rächen. Solange ich klein bin, ist dieser andere aber stärker und mein Wutgefühl wird, wenn ich ihm Raum lasse, üble Folgen für mich haben. Ich muß es also unterdrücken. Später kommt dazu, daß ich erkennen muß: Ich bin *böse,* wenn ich solche Gefühle äußere, besonders gegenüber Eltern und Geschwistern. Ein böses Kind zu sein bedeutet aber ein nichtgeliebtes Kind zu sein. Die – oft „christlich" genannte – Erziehung lehrt mich, daß ich, um ein guter Mensch (Christ) zu sein, nicht zornig sein darf. Und weil ich anständig, vernünftig und vielleicht auch ein guter Christ sein will, beschließe ich, keine Wutgefühle anderen Menschen gegenüber zu haben. Auf mich selbst eine Wut zu haben erscheint mir dagegen bald „natürlich": Entdecke ich mich nicht immer wieder dabei, wie ich versage? Könnte ich mich denn nicht ohrfeigen, daß ich das oder jenes übersehen, nicht daran gedacht habe?

Im Ärger über mich selbst habe ich also verinnerlicht, daß ich nicht so bin wie ich sein sollte. Das braucht mir aber nun keine Mutter und kein Vater mehr vorzuhalten. In mir befindet sich diese Instanz, die mein Verhalten mit dem Idealbild (wie ich sein müßte) vergleicht und mich unnachsichtig „zur Sau macht". Mein „Martha-ärger" richtet sich gegen den Teil in mir, der es nicht für nötig hält, alle Anstrengungen zu unternehmen, um Zufriedenheit im inneren Haus herzustellen. Dieser Teil, der „sich gehen läßt", der unbesorgt dahinlebt, der keine Pflichten sieht, sondern sich dem zuwendet, was interessant ist, ist das, was die Transaktionsanalyse als „natürliches Kindheits-Ich" bezeichnet. Es ist das Kind in mir, das unbesorgt um Liebesentzug oder Strafe lebt, was ihm ein-fällt. Es ist das Kind, das beim Spaziergang mit Erwachsenen stehenbleibt, um ausgiebig einen gefundenen Stein zu betrachten, ein Eichhörnchen zu beobachten oder den Rufen des Kuckucks zu lauschen. Es kümmert sich nicht darum, daß für den Spaziergang nur eine Stunde eingeplant ist. Aber meist gibt es sehr schnell ein bitteres Ende dieses Daseins: das Kind muß lernen, sich an die Gesetze der Erwachsenen anzupassen.

Maria: die von Gott Geliebte, ohne Leistung und Verdienst (Myr-jam), und in dieser unserer Welt dadurch das „Meer der

Bitterkeit" (Mar-jam). Beides scheint untrennbar verbunden. Ist nicht die Verhaltensweise der Maria in Lk 10, 39 so recht die des Kindes? Setzt sich einfach auf die Erde, dem Herrn vor die Füße und lauscht seinen Worten. So dürfen wir nicht sein, das ist nicht erlaubt, „es gehört sich nicht". Das innere Bild, dem ich gehorche, wenn ich mich über mich ärgere, sieht anders aus: Du mußt ein guter Gastgeber sein, der andere muß sehen, wie du dich abmühst (hoffentlich bemerkt er es auch!); du mußt dich so verhalten, daß du lobenswert bist; der andere muß ganz zufrieden sein mit dir, du darfst ihm keinen Anlaß zur Kritik geben.

Gelingt das nicht, dann ärgere ich mich über mich, weil ich diesem Ideal nicht entsprach. Die Wut, die ursprünglich dem galt, der seine Liebe und Zuwendungen an Bedingungen knüpfte, habe ich tief verdrängt. Ich darf es nicht wissen, daß diese Wut eigentlich meiner Mutter gilt, die ich ja zu achten und zu ehren habe. Noch schlimmer wäre es, wenn ich die Erkenntnis zuließe, daß ich mich über Gott ärgere, der nichts dagegen tut, daß es ungerecht zugeht in der Welt. Die Begebenheit mit Martha und Maria ermutigt uns, auch die in uns steckende Wut gegen Gott nicht zu unterdrücken oder mit frommen Erklärungen zu übermalen. Martha jedenfalls wird Jesus gegenüber (den sie immerhin hoheitsvoll „Herr" nennt) sehr deutlich in ihrem Ärger (Lk 10, 40 b: Kümmert es dich nicht …?). Daß man sich selbst nicht leiden kann und dementsprechend immer wieder sich über sich selbst ärgert, steht eigentlich stets am Beginn einer Therapie. So komme ich in der Regel zum Therapeuten und erwarte zunächst, daß er mich auch so sieht (es aber aus Höflichkeit nicht sagt). „Nicht wahr, das ist doch wirklich unmöglich, so etwas zu denken, – oder?" Eine solche typische Frage enthält freilich schon ein Stück Hoffnung, daß dieses Urteil noch nicht das letzte Wort ist. Denn dieses, so lehrt uns der Text, kommt aus Jesu Mund und wird der Martha in uns gesagt, die es wagt, ihrem Ärger über ihre „faule" Schwester und den gewährenden Jesus Luft zu machen: „Ihr habt mich nicht lieb; euch ist es egal, wenn ich mich abrackere!" Jesus sagt: „Schau auf Maria, den Teil in dir, der dasitzt und lauscht!"

4.2 Hab mich doch lieb!
Die Sünderin (Lk 7, 36–50)

A. *Eine Frau, in der Stadt als Sünderin bekannt, erfuhr, daß Jesus im Haus des Pharisäers zu Tische liege.*

Wenn ich aussteige aus der Zuschauerrolle und mich dazu entschließe, zu sehen: *Ich bin die Frau,* was zeigt sich dann? Diese Frau ist als „Sünderin" stadtbekannt, das heißt, sie wird von der von mir verinnerlichten „öffentlichen Meinung" (Moral) abgestempelt und als nicht gesellschaftsfähig verurteilt. In mir gibt es so eine Seite, die nicht akzeptiert ist, weil sie nicht so ist, wie sie sein soll. Besonders ihre Wünsche und Neigungen erregen immer wieder Anstoß. Welches Gesicht hat sie? Ist es verängstigt oder verhärtet, traurig oder abweisend, wenn ich mich ihm zuwenden will? – – –

Die Frau faßt einen sehr mutigen Entschluß: Sie geht in die Höhle des Löwen, mitten hinein ins Zentrum der Verurteilenden. Was kann mich dazu veranlassen? Warum verlasse ich das schützende Halbdunkel und stelle mich ins Rampenlicht des Moralismus (Pharisäer)? Eine erste Antwort wird mir gegeben: Sie erfuhr, daß Jesus dort ist ...

Sie brachte ein Gefäß mit Salböl, trat weinend rückwärts an seine Füße heran und begann mit ihren Tränen seine Füße zu benetzen und trocknete sie mit den Haaren ihres Hauptes, küßte seine Füße und salbte sie mit Salböl.

Nein, sie wagt es nicht, sich direkt mit dem Pharisäer zu konfrontieren. Sie wirft sich sofort mit allen Mitteln auf Jesus, jeden „Anstand", jede Konvention mißachtend.

Sobald sie seiner gewahr wird, bricht es aus ihr heraus und sie holt Jesus hinein in ihr Weinen, dem sie sich schutzlos überläßt. Stellvertretend für seine Person und zugleich ihre völlige Preisgabe an Ihn bezeugend überdeckt sie die Füße mit ihren Tränen, ihren Haaren, Küssen und streichelnden Fingern. Dieser Ausbruch der Gefühle wird durch nichts gebremst, die Auslieferung an Jesus geschieht grenzenlos.

Als der Pharisäer, der ihn geladen hatte, das sah, sagte er bei sich
selbst: „Wenn der ein Prophet wäre, wüßte er, was das für eine Frau
ist, die ihn berührt: eine Sünderin!"

Daß diese Frau, die so ungehemmt ihren Gefühlen Lauf läßt,
von Jesus nicht zurückgewiesen wird, ist dem Pharisäer ein Beweis dafür, daß Jesus Anspruch nicht echt ist.

Der Pharisäer in mir weiß, daß Gott, Religion und Kirche mit
einer so unverblümt gezeigten körperlichen Liebe nichts zu tun
haben. Denn: Haben nicht diese Lippen ehebrecherisch geküßt
und die Hände unschamhaft berührt? Trennt nicht ein solches
Verhalten von Gott und den Frommen (Gläubigen) ab, weil es
„Sünde" ist? Da kann doch nur eine Täuschung vorliegen, wenn
die religiöse Autorität (Prophet!) nicht einschreitet. Oder sie ist
nicht wahr! Daß aber die Seite in mir, welche die Sexualität nicht
nur als theoretisches Gedankengebilde – theologisch überhöht –
behandelt, sondern gefühlsmäßig leben will, im Raum des Religiösen und Ehrfurchtsgebietenden Heimatrecht haben soll, das
ist unmöglich. Das widerspricht der klaren Unterscheidung von
„sündhaft" und „fromm", das wirft das mühsam errichtete Welt-
und Menschenbild über den Haufen. Daran ändern doch auch
die Tränen nichts!

Jesus sprach zum Pharisäer: „Ein Gläubiger hatte zwei Schuldner,
der eine schuldete fünfhundert Denare, der andere fünfzig. Da sie
aber nicht bezahlen konnten, schenkte er es beiden. Welcher von bei-
den wird ihn nun mehr lieben?"

Die Antwort des Pharisäer Simon ist klar: „Ich denke der,
welchem er mehr geschenkt hat" (7, 43). Nicht klar ist diesem jedoch der Zusammenhang mit der Sünderin.

Jesus spricht von Schuldnern und Schuld(en). Aber ebenso redet er von Zahlungsunfähigkeit und Schuldennachlaß. Wie werden Sünderin und Pharisäer hier zusammengeführt? Die, die
sich immer mieden, werden plötzlich mit demselben Begriff benannt (Schuldner) und in dieselbe Geschichte gestellt (Ein Gläubiger hatte ...) Was geschieht mit meinem Gefühl, das *Leben*
sinnenhaft-lustvoll zu spüren, mich „ekstatisch" zu er-leben,
wenn es in diesen Zusammenhang gerät? Und wie ändert sich

meine moralisch-rechtliche Position, wenn sie auf diese Weise hineingezogen wird?

Sich zur Frau hinwendend sprach er zu Simon: „Ich kam in dein Haus, doch Wasser für die Füße hast du mir nicht gereicht; diese aber hat mit ihren Tränen meine Füße benetzt und mit den Haaren getrocknet. Einen Kuß gabst du mir nicht; diese aber hat, seit sie eintrat, nicht aufgehört, meine Füße zu küssen. Mit Öl hast du mein Haupt nicht gesalbt; sie aber hat mit Salböl meine Füße gesalbt."

Langsam beginne ich zu spüren, worum es hier geht. Die „Vorwürfe" an den Pharisäer zeigen mir deutlich, wie abstrakt und blutleer seine Gerechtigkeit und Frömmigkeit ist. Diese detaillierte Gegenüberstellung macht es mir so richtig bewußt: Meine Gefühle habe ich Gott vorenthalten (und den Menschen möglichst auch); die fristen ihr Dasein im lichtlosen Keller meiner Seele. Und ich bin doch so stolz, daß es mir gelang, keine „solche" Gefühle zu haben und frei zu sein von Gedanken und Phantasien von Küssen und Streicheln. War denn das alles falsch?

„Deshalb sage ich dir: Ihre vielen Sünden sind vergeben; deshalb hat sie viel geliebt; wem aber wenig vergeben wird, liebt wenig."

Weil es Vergebung gibt, deshalb gibt es Liebe. Das Maß der Vergebung bestimmt das Maß der Liebe.

Ist es das, was mir bisher verborgen blieb, daß die Schuld zu meinem Leben vor Gott gehört und meine Fähigkeit zu lieben deshalb aus der Vergebung erwächst? Dachte ich nicht immer, daß das Liebenkönnen zu meinen guten Charaktereigenschaften gehört und es eine dunkle Stunde ist, wenn ich das Lieben nicht fertigbrachte und deshalb der Vergebung bedurfte?

Zu ihr sprach er: „Deine Sünden sind dir vergeben."

Bevor sie weinend hereinkam, war ihr von Gott her schon Vergebung zuteil geworden. Ihre Liebe zu Jesus, die sie so sinnenhaft zeigen konnte, entsprang bereits dieser Vor-gabe. Ich ahne: Wenn diese Worte Jesu in mich wie in einen tiefen Brunnen hineinfallen, dann kann ich beginnen zu lieben, zu *leben*.

Da begannen die, welche mit ihm zu Tische lagen, bei sich zu sagen: "Wer ist dieser, der sogar Sünden vergibt?"

Das Vergebungswort macht Gottes „Ja" sinnlich konkret erfahrbar. Es wird durch Jesus zu-gesprochen. Ja, wie ist das möglich, daß das Göttliche sich so hautnah mit dem Menschen verbindet? Kann menschliche Wirklichkeit so deutlich Gott ausdrücken?

Er aber sprach zu der Frau: "Dein Glaube hat dich gerettet, geh hin in Frieden!"

Dies ist also *Glaube,* dem Gläubiger zuzutrauen, daß er mir die Schuld tatsächlich schenkt?

Jesu Worte lassen keinen Zweifel, daß es dieses Vertrauen ist, das mich heil macht, indem es die innere Zerrissenheit zwischen religiösem Leistungsdenken und den immer wieder zurückgedrängten elementaren Gefühlen nach Nähe und Berührung versöhnt.

B. Zu den frühesten Enttäuschungen unseres Lebens gehört die Erfahrung, daß wir nicht so geliebt werden, wie wir sind, sondern nur dann, wenn wir dem Bild entsprechen, das andere sich von uns machten. Die sehnsüchtige Bitte: „Hab mich doch lieb, so wie ich bin!" wird bald nicht mehr ausgesprochen, weil Mutlosigkeit und, je länger desto stärker, Resignation sich auf diese Erwartung, geliebt zu werden, wie ein grauer Schleier legten.

Und doch gibt es keine größere Lust als die, geliebt zu werden. Wen wundert es da, wenn der auf Liebe angelegte Mensch mehr und mehr das Geliebtwerden in die eigene Regie nimmt und durch unterschiedliche Taktiken den lebensbedrohenden Verlust aufzufangen sucht?

Eine in unserem jüdisch-christlich geprägten Kulturkreis vorherrschende Methode ist die Identifizierung des Bewußtseins mit dem Bild, das die Erziehung uns vom anständigen, guten (und vielleicht gläubigen) Menschen vor Augen stellt. Alles, was dieses Selbstideal trübt oder gar behindert, wird beiseitegeschoben, verdrängt, wozu insbesondere das Gefühl gehört, sich selbst lustvoll zu erleben. Als ein solches Wesen habe ich ja früher die Mutter schockiert und ich merkte in der Regel bald, daß „man da nicht hinfassen darf". Das Erschrecken der Mutter über das von Lust gezeichnete Gesicht des Kindes ist der stärkste Motor der Verdrängung sexueller Regungen.

Einem Klienten, der seit Kindheit an rein leben und als guter katholischer Mann „darüberstehen" wollte, wird alles Weibliche, ob Bilder oder Frauen (Mädchen), zum Fallstrick für heftigste Abwehrreaktionen und Schuldgefühle. Ängstlich darauf bedacht, ja nicht eine andere Frau als die eigene „begehrlich anzuschauen", muß er sich durch Faustschläge gegen das Kinn vergewissern, daß er bei einer unabsichtlichen Berührung durch eine Frau in einem Laden oder in der Straßenbahn nicht eine ehebrecherische Annäherung wollte.

Dieses Beispiel aus der Praxis zeigt, wie das von uns abgewehrte „Böse" auf andere projiziert wird und wir so mit ihm konfrontiert werden. Der Gewinn ist die Illusion, selbst „rein" und schuldlos zu sein, der Preis eine völlige Entstellung der Wirklichkeit.

Nicht die Frau kommt auf mich zu, wenn ich im Hause des Pharisäers sitze, sondern die *Sünderin:* die, welche die Normen bedenkenlos verletzt und die mich zur Sünde reizt, so daß ich mich vor ihr schützen muß. Wenn sie mich *berührt* (vgl. Lk 7,39!), dann bin ich auch vom Unreinen infiziert.

Unser Text führt die Sünderin zu den Pharisäern, das heißt: die gewöhnlich verdrängte und damit projizierte Sexualität wird ins (moralisch geschulte) Bewußtsein eingelassen. In der therapeutischen Arbeit zeigt es sich, wie schwer dieser Schritt sein kann und gleichzeitig, wie wichtig er ist. Denn erst dann, wenn die verinnerlichte Norm (der Pharisäer) die Dirne in mir nicht mehr rausschmeißt, wenn sie sich nähert, besteht Hoffnung auf die Einsicht, daß beide in einem Hause miteinander leben. Es geht also um die Versöhnung der Gegensätze, die mich zerspalten und lebensfeindlich werden ließen.

Eine solche Begegnung ist aber ohne Ver-mitt-lung nicht möglich. Die Mitte der Szene in Lukas 7 ist ja auch die Person Jesu. Zu *Ihm* kommt die Sünderin, nicht zum Pharisäer. Der kranke Mensch, der Hilfe sucht, kommt zum Therapeuten, nicht zu seiner verdrängten Schattenseite. Erst das Vertrauen, daß mir jemand helfen kann, ermöglicht, daß ich dadurch auch meiner dunklen, abgelehnten Schwester begegne. In meiner Krankheit, meinen Depressionen, meiner Angst und meiner Schlaflosigkeit ist diese Schwester immer schon unerkannt bei mir und sie bringt mich ja auch dazu, Hilfe zu suchen. In diesen „Symptomen" behauptet sie ihr Lebensrecht und bringt dadurch in meine Lebenslüge ein Stück Wahrheit.

In dem Stadium der Therapie, wo die verdrängten Gefühle langsam zu erwachen beginnen, gehört das *Weinen* zu den Anzeichen, daß die Sünderin über die Schwelle getreten ist. Die Tränen schaffen nicht nur Erleichterung für lange Aufgestautes und Zurückgehaltenes. Sie signalisieren eine Öffnung in Bereiche hinein, die bisher vor jedermann verschlossen waren. Deshalb wehren sich viele Klienten so lange dagegen, weil sie vor dem Therapeuten nicht schwach sein und sich nicht gehen lassen wollen. Schwach zu sein gehörte ja zu den Verhaltensweisen, die wir uns im Dienste des Ichideals bald abgewöhnten. Ein Kind, das „flennt", mag die Mutter nicht; denn es geht ihr auf die Nerven. Wenn ich weine und mich hilflos zeige, fürchte ich Ablehnung und Zurückweisung. Ich liefere mich dem anderen ja ein Stück weit aus, wenn ich schwach bin. Dahinter steht der nicht mehr aussprechbare Wunsch: „Hab mich doch lieb so wie ich bin!"

Die eigentliche Tragik und Verschärfung der Situation liegt aber darin, daß die pharisäische Haltung auch Gott mit in die Ablehnung der inneren Sünderin hineinzieht: Daß Gott mich annehmen kann wie ich bin, mit all den sexuellen Wünschen, Phantasien und Gefühlen, ist unmöglich. Er will ja, daß ich davon lasse. Hier hat die kirchliche Erziehung zum Teil Verheerendes angerichtet. Es ist erschütternd, was sich Menschen einfallen lassen, um sich nicht eingestehen zu müssen: Auch ich habe „solche" Gedanken und Gefühle.

Der gerade erwähnte Klient konnte eine solche Erkenntnis nicht verkraften. Denn dieses Eingeständnis, sexuelle Phantasien auch außerhalb der ehelichen Beziehung zu haben, ist für ihn gleichbedeutend mit „abgrundtief schlecht" zu sein und die furchtbarste Strafe Gottes unweigerlich auf sich zu ziehen.

Die Lösung dieses Klienten bestand darin, daß er durch jahr-
zehntelange Krankheit seine Frau als Pflegerin zur „einzigen"
machte und damit jeder wirklichen Bewährung ehelicher Treue
aus dem Wege ging. So konnte er nicht schuldig werden. An solchen typischen Schicksalen zeigt sich, wie verhängnisvoll es ist,
wenn einzelne Worte der Schrift aus dem Zusammenhang gelöst, zur moralischen Maxime gemacht werden und andere
Texte, wie etwa der hier besprochene, außer acht gelassen werden. Der Satz aus der Bergpredigt Mt 5,28 (Jeder, der eine Frau
begehrlich anblickt, hat in seinem Herzen schon die Ehe mit ihr
gebrochen) gehört dazu.

Im Gespräch mit dem Pharisäer Simon bestreitet Jesus nicht
die Schuld der Sünderin. Auch in einer Therapie geht es nicht
darum, jemandem die Schuld auszureden, wie viele meinen. Wir
werden, wenn wir die Wirklichkeit nicht meiden, unweigerlich
schuldig aneinander, bleiben uns etwas schuldig, besonders auch
Gott. Dies gilt auch für den Bereich der sexuellen Beziehung.
Entscheidend ist, wie wir mit dieser Schuld umgehen. Das kurze
Gleichnis, das Jesus dem Pharisäer erzählt, sagt, daß wir die
Schuld Gott gegenüber nicht bezahlen können (7,42). Sie kann
uns nur vergeben werden (vgl. dazu ausführlicher Kapitel 5).

Jesu Vergleich des Verhaltens der Frau und des Fehlverhal-
tens des Pharisäers ihm gegenüber weist uns darüber hinaus
noch auf eine Schuld Gott gegenüber hin, die uns selten bewußt
ist: daß wir nämlich auch *Gott unsere Gefühle vorenthalten,* wenn
wir sie verdrängen. Wie blutleer und arm ist unsere Kopftheolo-
gie und Religion geworden, wenn wir gar nicht mehr merken,
daß wir Gott vielleicht höflich und korrekt, aber nichtsdestowe-
niger lieblos behandeln? Der Grund für diesen blinden Fleck
liegt unter anderem auch darin, daß wir die Worte Jesu an Simon
(Lk 7,44–46: „Ich kam in dein Haus. Wasser für die Füße hast
du mir nicht gegeben ...") nicht auf uns beziehen. Kein Wunder
also, daß „Glaube" deshalb eher als ein in sich schlüssiges Ge-
dankengebäude aufgefaßt wird und nichts mehr mit der ungestümen leidenschaftlichen Liebe der Sünderin zu tun hat, die
Jesu sich nicht nur gefallen läßt, sondern der sie ihre Rettung
verdankt (Lk 7,50: „Er aber sprach zu ihr: Dein Glaube hat dich
gerettet, geh hin in Frieden!")

4.3 Ich weiß nicht, was soll es bedeuten,
daß ich so traurig bin
Die gekrümmte Frau (Lk 13,10–16)

A. *Jesus lehrte in einer Synagoge am Sabbat. Dort war eine Frau, die seit 18 Jahren einen Geist der Kraftlosigkeit hatte. Sie war verkrümmt und konnte sich überhaupt nicht aufrichten.*

Meine ganze Aufmerksamkeit wendet sich spontan der Frau zu: Was macht sie in der Synagoge? Ich stelle mir vor, daß sie all' die Jahre lang Sabbat für Sabbat dorthin ging und hoffte, daß das Gebet zu Gott (Jahwe) auch ihr Leiden heilen würde. Und noch immer hoffte sie …

Vielleicht kam sie aber gerade an *diesem* einen Sabbat, weil sie von Jesus gehört hatte und ihr fast verloschener Hoffnungsdocht plötzlich neu entflammte?

Sie ist zweifellos sehr schwer krank. Der Text spricht von einem „Geist der Kraftlosigkeit". Sie hat keine Lebenskraft, keinen Lebensmut mehr. Dieser Un-geist hat sie zusammengekrümmt, so daß sie nicht mehr aufrecht stehen und gehen kann. Die Würde menschlicher Haltung hat sie eingebüßt, fast kriecht sie dahin wie ein Tier. – – –

Das Gefühl der Kraftlosigkeit kenne ich auch. Dann bin ich niedergedrückt wie von einer zentnerschweren Last. Das lateinische Wort dafür heißt wohl „de-pressiv". In diesem Zustand bin ich nur ein halber Mensch, kann vor niemanden hinstehen und weiß nicht, wie es weitergehen soll, das heißt, wie *ich* weitergehen soll.

Als Jesus sie sah, rief er sie zu sich und sprach zu ihr: „Frau, du bist er-löst von deiner Schwäche (Krankheit)".

Keine Fragen stellt Jesus, keine Bedenken hindern ihn: Er *sieht, ruft* sie zu sich und *spricht* ihr das Wort der Er-lösung zu. Wie muß ihm die Situation dieser Frau zu Herzen gegangen sein!

Er legte ihr die Hände auf, und sogleich richtete sie sich auf und pries Gott.

Das Wort wird sinnlich erfahrbar gemacht in der Handauflegung. Der *Kontakt* ist es, der heilt. Diese Berührung Jesu bringt die Kraft, mich aufzurichten.

Der Synagogenvorsteher aber nahm das Wort, unwillig, daß Jesus am Sabbat geheilt hatte, und sprach zu den Leuten: „Sechs Tage gibt es, an denen man arbeiten darf; an denen kommt und laßt euch heilen, aber nicht am Tage des Sabbats."

Der Einspruch des Gesetzes! Wir kennen ihn schon als die verinnerlichte Moral, die wir als Gottes Gebot beigebracht bekamen. Das kann so nicht in Ordnung sein wie es hier geschieht. Denn wie sollte eine Heilung gottgewollt sein, die gegen Gottes Gebot verstößt? Auch Jesus muß sich an die Ordnung halten und die religiöse Norm (Sabbat) höher bewerten als die therapeutische Arbeit. Ein Heilen, das die Übertretung von Gottes Gebot in Kauf nimmt, darf es nicht geben! Ich möchte in den Lobpreis der Frau einstimmen (V. 13); aber der innere Pharisäer hält mir den Mund zu. Ich soll diesem Bild nicht trauen, das vor meiner Seele steht: Daß Jesus meine Verzweiflung sieht, mich zu sich ruft, mir Heilung zuspricht und seine Hand auf mich legt.

Mißtrauen steigt in mir auf: Darf es, kann es wirklich so „einfach" gehen? Steht nicht vor allem Gottes Gesetz?

Jesus entgegnete ihm: „Ihr Heuchler! Bindet nicht jeder von euch am Sabbat seinen Ochsen oder Esel von der Krippe los und führt ihn zur Tränke? Diese Tochter Abrahams aber, die der Satan schon 18 Jahre lang gebunden hielt, mußte sie nicht am Tage des Sabbats von dieser Fessel gelöst werden?"

Scharf benennt Jesus den wunden Punkt der pharisäischen Heuchelei, indem er die Inkonsequenz der Gesetzestreue herausstellt: Wenn es wirklich um euren Vorteil geht, wenn eure Lebensinteressen auf dem Spiel stehen, hindert euch dann die religiöse Vorschrift, zu handeln? Haltet ihr euch nicht nur so lange daran, als ihr dadurch euren Anspruch, gut und fromm zu sein, aufrechterhaltet? Wenn es um euer *Haben* geht, die Ochsen und Esel, dann findet ihr schnell Kompromisse und Ausnahmen. Aber sobald es sich um euer *Sein* handelt, um euer Gefühl, seid ihr blind! Dann erkennt ihr nicht, wie eure Lebenskraft trotz aller Anstrengung dahinschwindet, euer Lebensmut dahingerafft wird.

Jesus zeigt uns, daß die Krankheit nicht eine Schwäche ist, die durch gezielte therapeutische Arbeit behoben werden kann. Es geht in ihr um Bindungen, die unser ganzes Leben formen oder de-formieren. Ohne Bindung geht es nicht. Entweder ich binde mich an Satan, der mir verspricht, daß ich selbst Gott und Herr sein könne (vgl. Lk 4, 1–13: Die Versuchung Jesus) oder ich lasse Gottes Herrschaft über mein Leben zu und binde mich an Jesus. Mein Lebensweg ist Spiegelbild diesen inneres geistlichen Kampfes. Aber es ist nie zu spät, mich von Jesus rufen zu lassen (vgl. meine Meditation: Gib mir deine Fesseln, München 1983).

B. Die Depression, die alle Lebensenergie erdrückende Gestimmtheit, hat so viele Gesichter wie es Schicksale gibt. Sie reicht von der jedem von uns bekannten unbestimmten Traurigkeit, die andere oft als „schlechte Laune" empfinden bis hin zu einem Gefühl der absoluten Starre, Leere und Sinnlosigkeit, in dem nicht einmal mehr Trauer wahrgenommen werden kann. Über ihre Ursachen gibt es recht verschiedene Theorien, und dementsprechend unterschiedlich sind die vorgeschlagenen Therapien. Darauf einzugehen würde hier zu weit führen. Entscheidend ist die Einsicht, daß der Mensch nicht eine Depression hat so wie er ein Bein gebrochen hat, sondern daß die Depression als Ausweg in einer katastrophalen Situation *gewählt* wurde. Dabei handelt es sich freilich nicht um eine bewußte Entscheidung und die auslösende Situation muß keineswegs nur auf ein bestimmtes Erlebnis (z. B. Tod eines geliebten Menschen) eingegrenzt sein, sondern kann eine ganze Lebensphase betreffen, in der sich Erfahrungen häufen, die in die Depression führen.

Ein junger Mann, der einen mißglückten Selbsttötungsversuch gerade hinter sich hat, sitzt vor mir und berichtet mit monotoner Stimme über das, was sich abspielte. Das Lernen für eine Prüfungsarbeit im Rahmen der Ausbildung, das wie ein riesiger unüberwindlicher Berg vor ihm lag und ein – ihn möglicherweise gar nicht

*betreffender – Streit der Eltern ließen das Gefühl der Sinnlosigkeit so
beherrschend werden, daß er aus dem Leben scheiden wollte, „weil
doch alles egal" sei. Und doch war er froh, daß der Vater noch recht-
zeitig dazukam. Der Gedanke, was er den Eltern zufügen würde,
wenn er „das täte", kann ihn wohl am ehesten vor dem Schritt zu-
rückhalten.*

Wie in diesem Beispiel ist oft eine starke Abhängigkeit von
den Eltern für schwere Depressionen mitverursachend, weil in
ihr die Grundgefühle von Traurigkeit und Wut nicht ausgedrückt werden können. Der Depressive ist aber ein Mensch, der
um jeden Preis das Wohlwollen der anderen gewinnen will und
„sich zusammenreißt". Weil er besonders hohe Ansprüche an
sich stellt, möglichst perfekt sein will, erlebt er jedes Versagen,
und jeden Fehler als katastrophal. Die Devise „alles oder nichts"
bestimmt ihn und er fühlt sich schuldig, wenn es nicht klappt,
und wertlos.

Zugleich ist sein Zustand der Kraftlosigkeit ein leidenschaft-
licher Appell an die Hilfsbereitschaft der Mitmenschen, die sich
doch nun endlich um ihn kümmern müssen.

Was ist der Sinn dieser Krankheit?

Der oben erwähnte junge Mann berichtete, daß er in einem
Buch über den Kommunismus gelesen habe, wie der Mensch
nur noch ein Rädchen in einer großen Maschine ist. Dies falle
ihm auch ein, wenn er nicht mehr will: *Man* soll mit ihm machen, was *man* will. Er selbst hat die Regie aus der Hand gegeben.

Hier wird sehr anschaulich gesagt, was ich durch die Depression erreiche: Sie nimmt mir die Last der Verantwortung ab und
ich kann nicht mehr schuldig gesprochen werden. Dieses mein
Leben selbstverantwortlich in die Hand zu nehmen ist zu an-
strengend, zu mühsam und birgt die Möglichkeit, Fehler zu machen und zu scheitern.

Eine abgrundtiefe Entmutigung und Hoffnungslosigkeit ist
der Boden, auf dem die Depression wächst. *Dieses* Gefühl aber,
daß zu jedem Handeln ein Stück weit Mißlingen dazugehören
kann, wurde immer wieder verdrängt, weil es unerträglich war
und weil ich es mir nicht leisten konnte. Damit aber habe ich

mich dem Leben verweigert, das mir solche Erfahrungen der Traurigkeit und des Versagens zumutet.

Was in der Tiefe der Seele dabei geschieht, beschreibt Jesus in unserem Text in einem plastischen Bild: Der Satan hält den Menschen gebunden, er fesselt ihn. Tatsächlich wird der Zustand der Depression von vielen Patienten als Fesselung oder als Lähmung empfunden. Es ist ja jeder Spiel-raum genommen und der Wunsch, tot zu sein, beinhaltet die vollendete Starre. Weil die zwischenmenschlichen Bindungen zu schmerzlich und enttäuschend waren, habe ich mich in der Depression auf mich selbst zurückgezogen und spüre gleichzeitig, daß ich gar nicht bei mir sein kann. Das klingt für uns unlogisch, ja widersprüchlich. Aber die Seele kennt nicht die Logik unseres Verstandes. Ich bleibe also weiter an die Menschen gebunden, aber ohne daß ich diese Bindungen selbst-verantwortlich gestalte. Ich brauche sie, um zu leben und ich ge- und mißbrauche sie, mir zur Verfügung zu stehen. So absurd es klingt: Die ganze Welt muß mir dienen, damit ich meine „Leitlinie" (Künkel) durchhalten kann, nämlich schuldlos zu leben. Dies ist aber der uneingestandene Hochmut, das Seinwollen wie Gott, in das mich die Angst trieb, an der Schuld zu zerbrechen. Der Depressive, der so das Problem seiner Freiheit (die ja erst Schuldigwerden ermöglicht) „löst", spürt, wie er sich in die Hände einer Macht begab, die ihm bald jede Aktivität verbietet. Er *kann* gar nicht mehr handeln. Er ist gefesselt.

Welche Hilfe braucht der depressive Mensch? Aus dem bisher Gesagten wurde wahrscheinlich schon deutlich, daß er vor allem Mut braucht, sich und die „Welt" so, wie sie nun einmal sind, anzunehmen und nicht davonzulaufen. Mitleid hilft ihm nicht, sondern verstärkt eher seine Schuldgefühle. Ihn zu *verstehen* heißt auch nicht, sein Leiden zu bagatellisieren oder ihn künstlich aufzuheitern. Vielmehr muß er fühlen, daß der Therapeut ihn so sein läßt wie er ist, ohne diesen Zustand zu bewerten. Der Klient hat ein Recht darauf, solange depressiv zu sein, bis er eine andere, bessere Lösung für seine Lebensprobleme gefunden hat. Ihm dabei zu helfen, darauf kommt es an. Entscheidend ist, daß der Klient selbst den Sinn seiner Depression erkennt und selbst etwas ändern will.

Das endgültige Lösen der Fesseln depressiver Gebundenheit ist nur Gott möglich, der durch Jesus uns er-lösen will. Wir haben es in unserem Text deshalb auch mit einer Heilungsgeschichte, nicht mit einer therapeutischen Sitzung zu tun. Dennoch ist der Umgang Jesu mit der Frau, das heißt, mit unseren gefesselten Gefühlen, sehr bemerkenswert, weil er dabei in Konflikt mit der religiösen Tradition und der „Kirche" gerät.

Möglicherweise deutet die Diskussion Jesu mit dem Synagogenvorsteher an, daß auch eine innere Bereitschaft der Frau da war, in ihrer Hoffnung auf Heilung sogar eine Verletzung religiöser Normen in Kauf zu nehmen. Auf der psychischen Ebene stehen wir dabei vor dem Konflikt zwischen verinnerlichten Gesetzen und dem Wunsch nach Heilung oder wenigstens Verbesserung des Leidens. Denn nicht selten stellt sich der innere Gesetzgeber und Richter der aufkeimenden Einsicht in den Weg, daß nur ein *Handeln*, das mich auch schuldig werden läßt, aus dem Gefängnis der Depression herausführt. Die „Arbeit" der Therapie stellt für viele Menschen schon deshalb ein fragwürdiges Unternehmen dar, weil sie an Gefühle rührt, die unter dem Druck von Normen, auch religiösen, gründlich verdrängt wurden.

Der bereits erwähnte Klient, der unter zwanghaften sexuellen Gefühlen leidet, bringt nach langer Zeit auch Träume mit sexuellem Inhalt, wenn auch immer noch stark „zensiert". Diese Tatsache macht ihm sehr zu schaffen und er muß sich einreden, daß er ja für seine Träume nicht verantwortlich ist. Völlig unvorstellbar aber ist ihm der Gedanke, er könne eine außereheliche sexuelle Handlung wirklich wollen. Dann gäbe es kein Pardon mehr für ihn.

An diesem Beispiel wird ein Hindernis für die Therapie deutlich, das unter Umständen nicht überwunden werden kann. Während es für eine Lockerung der depressiven Fesseln notwendig wäre, daß lange Verdrängtes ein Stück weit wieder leben darf, daß etwa aus Angst übersprungene Reifungsstufen als Aufgabe noch einmal angegangen werden, stellt sich dem der innere Richter mit Nachdruck entgegen. Dabei können die auftretenden Schuldgefühle so groß werden, daß sie nicht überschritten werden können. Daß das so ist, liegt ja auch nahe, wenn wir bedenken, daß die Depression den „Umgang" mit den elementaren Gefühlen der Wut und Sexualität gerade verhindern sollte, weil er zu gefährlich ist (war). Die Begründung für die Verdrängung ist aber nicht selten eine religiöse Norm. Gottes Gebot fordert dann, daß wir zu den anderen nur gütig sind, daß wir uns allezeit freuen (weil wir doch Erlöste sind), daß wir keine andere Frau (keinen anderen Mann) begehrlich anschauen. Danach hat sich das Ich-ideal des Depressiven geformt. Ihm zuzumuten, sich einzugestehen, daß auch er – trotz Gottes Gebot – Zorn empfindet und gerne nach einer hübschen Frau schaut, ja sie ausziehen will in seiner Phantasie wie ein Jugendlicher, – ihm dieses Eingeständnis nahezulegen, bedeutete, ihm den Boden unter den Füßen wegzuziehen.

4.4 Ich habe keine Kraft mehr zu leben
Die blutflüssige Frau (Mk 5, 25–34)

A. *Und da war eine Frau, die seit zwölf Jahren an Blutungen litt…*

Wenn ich mir bewußt mache, daß Blut der Träger des Lebens schlechthin ist, dann wird mir klar, daß die Frau durch diese Krankheit in ihrer Lebendigkeit als ganze getroffen wurde, nicht nur in ihrem spezifischen Frausein. Beachte ich außerdem, daß die Zahl „zwölf" nicht wörtlich zu nehmen ist, sondern symbolisch eine Ganzheit bezeichnet (zwölf Monate, zwölf Apostel usw.), dann sagt der schlichte Satz, daß die Frau schon ein ganzes Leben lang leidet.

Auf der Subjektstufe, das heißt also, wenn ich die Frau als bildhaften Ausdruck meiner Gefühle betrachte, wird mir in der Situation der „Blutflüssigen" die katastrophale Lage vor Augen geführt, in der sich meine Gefühlsseite befindet: Jahr um Jahr wird sie blutleerer, verliert sie ihre Lebenskraft.

Sie hatte von vielen Ärzten viel ausgestanden und ihr ganzes Vermögen daraufgewendet, ohne daß es etwas genützt hatte, es war vielmehr immer schlimmer mit ihr geworden.

Kenne ich diese enttäuschende Erfahrung nicht auch? Es gibt ja viele Angebote, die versprechen, mir zu helfen, daß ich an die fast abgestorbenen Gefühle herankomme und da ist sehr schnell ein ganzes Vermögen ausgegeben ... Aber brachte es mich wirklich weiter? Fühlte ich nach diesem oder jenem Kurs oder „Work-shop", daß mich im Alltag die Gefühle wieder lebendiger durchpulsten oder war es mit einem Gefühlsausbruch während zwei bis drei Tagen getan? Oder war es nach vielen Versuchen nur noch schlimmer geworden?

Die hatte von Jesus gehört und trat nun unter der Menge von hinten hinzu und berührte seinen Mantel. Denn sie dachte: „Wenn ich auch nur seine Kleider berühre, werde ich geheilt werden".

Was muß die Frau von Jesus gehört haben, daß sie so denken und handeln konnte?

Freilich drängt sich der Gedanke auf, daß sie nach all den vergeblichen Versuchen jetzt auch noch vom Wunderheiler Jesus Gebrauch machen möchte. Aber spiegelt sie in diesem Verhalten nicht sehr getreu das meine? Haben wir nicht allzu oft erst alle unsere (durch Vermögen bezahlbare) Möglichkeiten durchgespielt und sind dabei gescheitert, bevor wir uns an Jesus wenden? Von ihm gehört – nun das haben wir schon länger ...

Aber da ist noch etwas, das mich stutzig macht und mich warnt, der Frau primitiven magischen Aberglauben vorzuwerfen: Nach den nutzlosen Heilungsversuchen durch Ärzte könnte ja ihr Vertrauen endgültig kaputt sein. Das Hören von Jesus weckt bei ihr ein erstaunliches neues Vertrauen. Denn sie ist sich sicher, daß die Berührung mit Jesus – auch wenn sie nur über den Mantel geschieht – sie heilen wird. Nicht: „Mal sehen, vielleicht eine letzte Chance" denkt sie, sondern: „Wenn ich ihn berühre, werde ich geheilt werden".

Und sofort versiegte die Quelle ihres Blutes und sie spürte es an ihrem Leibe, daß sie von ihrem Leiden geheilt war.

Sie darf es spüren, nicht nur „geistig", sondern leib-haftig, daß sie geheilt ist. Vom Leibe her geschieht der Gesundungsprozeß, der allerdings damit nicht beendet ist.

Jesus merkte, daß eine Kraft von ihm ausgegangen war, wandte sich in der Volksmenge um und sprach: „Wer hat meine Kleider berührt?" Die Jünger antworteten: „Du siehst doch, wie das Volk dich umdrängt und fragst: „Wer hat mich berührt?" Er aber schaute sich um, um die zu sehen, die das getan hatte.

Das Unverständnis der Jünger ist solange auch meines, bis ich erkenne, daß Jesus *gezielt nach ihr sucht.*

Die Frau hatte sich ja verschämt, heimlich (von hinten) an Jesus herangemacht, wohl wissend, daß sie gegen das Gesetz verstieß. Sie war ja unrein. Dazu soll sie nun stehen. Vor der urteilend-verurteilenden Menge soll sie sich zu diesem ungeheuerlichen Schritt bekennen. Nachdem sie verstohlen die Berührung mit Jesus gesucht hat, sucht Jesus sie selbst in aller Offenheit und Öffentlichkeit. Wie gut kann ich die Frau in mir verstehen! Ich hätte ja meine Gefühle nicht so gründlich verdrängt, wenn ich sie nicht als „unrein" und den moralischen Normen zuwider empfunden hätte. Nun drängen sie nach Befreiung und Heilung, aber ich möchte nicht, daß alle merken, daß sie gegen die gültigen gesellschaftlich-religiösen Normen ihr Lebensrecht suchen. Ich möchte gesund werden und nicht weiter ein seelisch verkrüppelter Mensch bleiben, aber es soll möglichst ohne Konflikte gehen. Die Angst vor der Verurteilung durch die anderen ist so stark.

Da kam die Frau heran voll Furcht und zitternd, weil sie wußte, was an ihr geschehen war, fiel vor ihm nieder und sagte ihm die ganze Wahrheit.

Das Versteckspiel ist zu Ende. Sie muß ihr Wollen und Tun bekennen. Warum verlangt das Jesus? Wird die Frau so nicht an den Pranger gestellt?

Er aber sprach zu ihr: „Tochter, dein Glaube hat dir Heilung gebracht. Geh hin in Frieden und sei geheilt von deinem Leiden."

Nein, sie wird nicht als abschreckendes Beispiel allen vor Augen geführt. Ihr gesetzwidriges Handeln wird von Jesus als *Glaube* bezeichnet, der zur Heilung führte. Sie darf nicht, sie *muß* offen aussprechen, was sie zu Jesus hintrieb, obwohl es vom religiösen Gesetz her verboten war. Indem die Frau nun auch zu diesem Tun steht und die Angst überwindet, ist sie erst innerlich „im Frieden" und geheilt.

Je mehr ich diese beiden Verse 33 und 34 (Da kam die Frau heran ... Leiden) bedenke, um so ungeheurer erscheinen sie mir. Beinhalten sie nicht eine wirkliche Re-volution, das heißt: Umwälzung der gängigen Anschauung von Religion und Heilung, von Glaube und Sünde? Steckt nicht die Frau, die wegen Übertretung des Gebotes fürchtet und zittert, noch tief in unserem Herzen?

B. Die Frau, die an Blutungen leidet, ist in ihrem Frausein zutiefst getroffen. Aber die Unfähigkeit, Frau sein zu können, ist nicht die Folge der Blutungen, sondern umgekehrt: die Blutungen sind der leibliche (somatische) Ausdruck der fehlenden Selbstannahme als Frau.

Im Sinne unserer Betrachtungsweise, nämlich die Frau als Bild für unsere Gefühlsseite zu nehmen, heißt das: Weil wir uns als Liebende, Hassende, Zärtliche, Wütende, Lustvoll-empfindende nicht wahrnahmen, verkümmerten die Gefühle, wurden zunehmend blutleerer.

Die Ursachen dafür haben wir zu Genüge kennengelernt. Unser Text stellt uns noch einmal abschließend die katastrophale Folge der Verdrängung vor Augen, die keine menschliche Anstrengung alleine heilen kann. Auf diesem Hintergrund hebt sich aber die befreiende Chance der Jesusbegegnung um so deutlicher ab.

Wann wird ein Mensch in seiner Not Hilfe bei Jesus suchen? Wir werden annehmen können, daß alle, die sich Christen nennen, sich in ihren Anliegen im Gebet an Jesus wenden. Sie haben ja „von Jesus gehört". Um so merkwürdiger ist dann aber die Tatsache, daß immer mehr Christen in Selbsthilfegruppen und anderen Angeboten zur Selbsterfahrung an ihre verdrängten Gefühle heranzukommen suchen, weil sich trotz jahrelangen Betens nichts ändert. Liegt das vielleicht bereits in der Art und Weise, *wie* sie von Jesus hörten? Denn solange nur der Verstand von Jesus hört, kann sich in der Tiefe nichts tun. Damit aber die *Frau* in uns die Jesus-Botschaft vernimmt, muß mit dieser Botschaft bereits ein Funken *Hoffnung* ins Herz kommen, daß dieser Jesus mächtiger ist als meine Angst, meine Kraftlosigkeit und meine zunehmende Verzweiflung. Es muß bereits eine Ahnung da sein, daß dieser Jesus mich nicht zurückstößt, weil ich mit meinen ungeordneten, im Todeskampf liegenden Gefühlen gegen die *Gebote* verstoße, wenn ich sie zulasse.

Hier hat eine bestimmte „religiöse Erziehung" den Zugang zu Jesus verbaut, indem sie an die erste Stelle stets die Forderung nach Einhaltung der Gebote stellte. Für die blutflüssige Frau in Mk 5 war aber klar, daß sie zu Jesus nur vordringen konnte, wenn sie das Gesetz übertrat.

In der therapeutischen Arbeit bedarf es oft einer langen, behutsamen Bemühung, um dem Klienten zu vermitteln, daß Gefühle sich in ihrer Kraft und Beharrlichkeit, ihrem Drängen und Übermaß nicht an Normen und Gesetzen ausrichten und von ihnen her nicht zu „beurteilen" sind. Noch schwerer ist es freilich für einen „religiös" erzogenen Klienten zu verstehen, daß verdrängte Gefühle ein Stück weit zuerst einmal auch in ihrer „unsauberen" Gestalt (sie lagerten ja im Dreck des inneren Kellers!) zum Vorschein kommen müssen, auch wenn daraus „sündige" Handlungen entstehen, wie zum Beispiel geschlechtliche Selbstbefriedigung.

Die Nähe, die das Gefühl zu Jesus sucht, ist ja eine leibliche, keine rein „geistige". Das Gefühl braucht Kontakt durch Berührung, will sich diesem Jesus in seiner unfertigen, ungestümen Art zumuten und so angenommen sein. Im leibhaftigen Ausdrücken der Gefühle darf ich Jesus gegenwärtig wissen. Er rennt nicht davon. Und doch ist Heilung nicht gleichbedeutend mit „Ausagieren" von Gefühlen. Diesem Irrtum wehrt unser Text durch, daß Jesus die von der Frau gesuchte Berührung zu einer Begegnung macht. Heilen kann letztlich nur sie. Dabei ist ihr wesentliches Moment das *Bekenntnis* des bisher verheimlichten, Leiden verursachenden Zustandes.

Insbesondere, wenn sich das verdrängte Gefühl in quälenden, oft „abartigen" Symptomen Geltung verschafft – wozu z. B. die verschiedensten Zwänge gehören –, kostet es einem Klienten große Überwindung, diese zu nennen und genauer zu schildern („die ganze Wahrheit"). Er leidet dabei manchmal regelrechte Geburtswehen. Und dennoch sind sich erfahrene Therapeuten darin einig, daß nicht geheilt werden kann, was nicht ausgesprochen wurde.

Die Wahrheit sagen und so in die Wahrheit des eigenen Lebens kommen, bedeutet ja, das Verborgene ans Licht bringen (das griechische Wort für Wahrheit heißt „Un-verborgenheit"). Daß aber bestimmte Gefühle im Verborgenen bleiben und nur versteckt und heimlich als Symptome ihr Un-wesen treiben, war ja der Preis dafür, daß ich vor den anderen (zuerst den Eltern) und vor mir als anständig, gut und fromm dastehen konnte. Die Wahrheit meines Zustandes – bisher im Symptom verschlüsselt – offenzulegen muß freilich zuerst panische Angst verursachen. Falle ich jetzt nicht ins Bodenlose? Und sollte denn mein ganzes bisheriges Bemühen sich jetzt als Lüge herausstellen? Habe ich gar nicht wirklich gelebt?

Solche Fragen, von Klienten gestellt, sind voller Furcht und Zittern. Und in dem langen Schweigen, das ihnen oft folgt, entscheidet sich nicht selten, ob der Schritt zum Vertrauen möglich wird.

Damit kommen wir zu Jesu wunderbarem Zuspruch: „Dein Glaube hat dir Heilung gebracht" (5, 34). „Glaube" erscheint hier in einer Weise, die uns weithin ungewohnt ist. Das Wort bezeichnet ja den unbedingten, sich über Norm und Gesetz hinwegsetzenden Gesundungswillen der Frau. Nicht eine Summe von Sätzen, die ich für wahr halte, ist also gemeint, sondern eine im Inneren des Menschen an-wesende Kraft, die – durch die Botschaft von Jesus geweckt! – zum *Leben* drängt, die sich nicht abfindet mit dem langsamen Verbluten. Unglaube, und damit Sünde ist folglich die Verzweiflung, die Hoffnungslosigkeit, die unter dem Druck der Normen jeden Versuch zur Rettung aufgibt.

Insofern sagt dieser gewichtige Text aus Mk 5 nichts weniger als daß der Wille, heil = „ganz" zu werden, höher steht als jedes Gesetz, jedes religiöse Gebot. Das entspricht ja auch völlig dem Handeln Jesu, dessen Heil(ung)swillen ebenso die zentralen religiösen Vorschriften übergehen kann, wenn es notwendig ist (vgl. die Begebenheit mit der gekrümmten Frau, Lk 13,10ff. und viele andere Texte).

Furcht und Zittern können von der Frau erst weichen, wenn sie sich in ihrem Lebenswillen anerkannt weiß und von Jesus das Heilungswort ausdrücklich zugesprochen erfährt. Ohne dieses muß sie mit ihrer Schuld gegen das Gesetz (das ja die Gemeinschaft schützt) end-gültig scheitern. Ohne Ihn also, der auch diese Schuld noch heilen kann, käme sie nicht zum inneren Frieden.

5.

Die Schuld vergeben

Immer wieder war auf den vorhergehenden Seiten von „Schuld"
die Rede. Für bestimmte Krankheitsbilder, wie das der Depression etwa, ist ein ausgeprägtes Schuldgefühl geradezu kenn-
zeichnend. Zwischen den Extremen einer „Kaltblütigkeit", die
kein Schuldbewußtsein zu kennen scheint und einem Schuldgefühl, das beim kleinsten Anlaß einen Menschen zu erdrücken
droht, gibt es offenbar eine breite Skala von Einstellungen und
Gefühlen, die alle mit „Schuld" zu tun haben.

Zwei Tatsachen muß eine Betrachtung der Schuld ins Auge
fassen: Erstens: Alle Religionen verstehen sich auch als ein Weg,
wie Menschen mit ihrer Schuld fertig werden können. Die
Schulderfahrung gehört zum Menschen als sich selbstbewußtem
Wesen dazu.

Zweitens: Die eigentliche (Lebens-)Schuld wird meist durch
vordergründige Schuldgefühle überdeckt, die aus der Verinner-
lichung elterlich-gesellschaftlich-kirchlicher Normen herrüh-
ren. Sie haben nicht das eigene Menschsein und seine Heraus-
forderungen zum Inhalt, sondern bestimmte Regeln und
Vorschriften, deren Nichterfüllung Angst (vor Strafe) macht.
Zwischen beiden Fakten besteht ein Zusammenhang:

Weil der Mensch, um zu leben, schuldig wird und sich aus
Schwäche, Dummheit und vor allem Angst dem An-spruch zu
reifen und zu lieben immer wieder entzieht, hält er sich an
scheinbaren Sicherheiten fest wie sie zum Beispiel die Gebote
darstellen. Die Angst, die hierbei mit der Nichterfüllung verbunden ist, ist kalkulierbar. Aber die Angst, das mir aufgegebene Leben als Ganzes nicht zu meistern, es aus eigener Schuld nutzlos
zu vergeuden, also „umsonst" gelebt zu haben, – diese Angst

läßt ins Bodenlose fallen, wenn es kein Vertrauen als Gegenkraft gibt, daß es nicht von mir alleine abhängt.

Wenn sich der Psychotherapeut mit einem Klienten auf den Weg macht, das Knäuel falscher Schuldgefühle zu entwirren, um zur wahren Schuld durchzudringen, dann beginnt ein Abenteuer, dessen Ausgang ungewiß ist. Es ist aussichtslos, wenn nicht Schritt für Schritt die Vertrauenskraft gestärkt wird, daß es möglich ist, ohne die Selbstgerechtigkeit perfekter Gebotserfüllung und mit der wirklichen Schuld zu leben. Niemanden wird es wundern, daß sich im Menschen alles dagegen sträubt, die bisherigen Sicherheiten – und seien sie wegen der Schuldgefühle noch so belastend – preiszugeben und gegen etwas Unbekanntes einzutauschen. Denn bisher hatte er es doch immerhin noch selbst in der Hand, Gebote zu erfüllen oder nicht. Doch wenn er das hergibt, bleibt ihm nur – das Erbarmen Gottes. Dies genügte, wenn es lebendige Erfahrung wäre. Aber oft ist lediglich eine angelernte Wortverbindung.

Die Verstrickung in die Schuld ist also eine Folge der Angst, diesem zu-fälligen Leben, dessen Anfang und Ende mir in gleicher Weise entzogen sind, Sinn geben zu können. Das hat Eugen Drewermann in seiner Auslegung der Sündenfallerzählung (Gen 2–3) überzeugend dargetan: Bei meinen Absicherungsversuchen gegen diese Angst gerate ich unweigerlich in (selbst-)zerstörerische Schuld, weil ich mich maßlos überfordere und den Mitmenschen nur noch als Konkurrenten erleben kann. Denn ich muß ja nun „wie Gott sein", das heißt, meinem Dasein eine Be-gründung geben, die mich seine Zufälligkeit und absoluten Grenzen „vergessen" lassen.

Von Gott durch das Mißtrauen Ihm gegenüber getrennt – enthält *Er* mir nicht das eigentliche Glück vor? –, gerät der Mensch zwangsläufig in den Zustand der Schuld Gott und den Mitmenschen gegenüber. *Paulus* spricht im Römerbrief davon, daß die Menschen „die Wahrheit in Ungerechtigkeit niederhalten", weil sie Gott „nicht als Gott verherrlichten und ihm nicht dankten" (Röm 1,18.21), und daß sie untereinander als Folge davon „erfinderisch im Bösen", „unverständig, treulos, lieblos und erbarmungslos" wurden (1,30–31). So bauen sie ihr Leben auf einer einzigen großen Lüge auf, weil sie nun dem Geschöpf anstatt dem Schöpfer Verehrung und Anbetung erweisen (1, 25).

Der wirklichen Schuld und Lebenslüge zu begegnen, ist so vernichtend, daß auch Paulus es nur als Hintergrund seiner Botschaft von Jesus, dem Erlöser, zeichnet. Wenn ein Mensch im Laufe eines therapeutischen Prozesses entdeckt, wie hohl und verlogen sein Selbst- und Welt-bild war, so daß es ihn krank, ja lebensunfähig machte, dann brechen die Worte aus ihm heraus: „Das kann doch nicht wahr sein!" Viele spüren dabei, wenn sie den Tränenstrom zulassen können, zum ersten Mal unverstellt sich selbst. Jahre, oft Jahrzehnte haben sie gegen ihre „Fehler" angekämpft und sich schuldig gefühlt, wenn sie versagten. Der innere Schuldspruch erfolgte regelmäßig und mit der Zeit immer heftiger, wenn sie etwas taten, dachten oder fühlten, was „nicht sein darf", weil es „Sünde" ist. Dieses Schuldbewußtsein ist also mit einer tiefen Kränkung verbunden, daß man nicht dem Idealbild entsprach, das man von sich hatte. Daß sich mit solchem Schuldbewußtsein oft ein ausgeprägtes Strafbedürfnis verbindet, ist leicht einzusehen. Leid und Krankheit werden deshalb nicht selten als verdiente Strafe für die dauernden „Sünden" angesehen. Werden sie darüber hinaus auch noch als „Strafe Gottes" gedeutet, dann ist der Teufelskreis geschlossen. Denn dann wird auch die Botschaft der Krankheit nicht mehr vernommen und ihre Wahrheit niedergehalten.

Aus dem Bannkreis der Schuld gibt es nur einen Ausweg: die *Vergebung*. Schuld muß vergeben werden, wenn Befreiung erlebt werden soll. Wir Menschen sind immer wieder auf die gegenseitige Vergebung angewiesen, damit wir hoffnungsvoll weiterleben können. Aber gerade hier zeigt sich die verhängnisvolle Wirkung von Angst und Mißtrauen: wir können nicht vergeben.

Daß die Unfähigkeit, zu vergeben, den Menschen krank macht, ist inzwischen eine gesicherte Erkenntnis der psychosomatischen Medizin. Man spricht dann etwa von „festgehaltenem Groll", der zum Beispiel auf den Magen schlägt oder Bauchschmerzen verursacht. Auch chronische Kopfschmerzen können darauf hinweisen, daß mir „einfach nicht aus dem Kopf geht", daß jemand mich so behandelt hat oder daß „ich das einfach nicht vergessen kann", was mir angetan wurde.

Jeder von uns weiß, wie schwer es ist, jemanden um Vergebung zu bitten und einem anderen etwas zu verzeihen, was uns tief gekränkt hat. Das ist nur allzu verständlich, wenn wir uns klarmachen, daß wir beide Male im Zentrum unseres Sicherungsbedürfnisses getroffen werden: Im ersten Fall haben wir es nicht mehr selbst in der Hand, ins seelische Gleichgewicht zu kommen, sondern sind auf andere angewiesen. Im zweiten Fall geben wir etwas aus der Hand, das wir aus Mißtrauen und (oder) Rachsucht dem anderen gegenüber gerne behalten wollen: der andere steht in meiner Schuld, und diesen Trumpf gebe ich nicht her. Das sind sicher nicht die einzigen Aspekte mangelnder Vergebungsbereitschaft, aber sie sind tief in der Seele verankert. Nicht zufällig ist die Bitte um Vergebung und die gleichzeitige Vergebungsbereitschaft im „Gebet des Herrn" verankert. Nur hier ist eine Bitte an Gott mit einer Bedingung an menschliches Verhalten direkt verbunden. Das „Gleichnis vom unbarmherzigen Schuldner", Matthäus 18, 23–35, ist der eindrucksvollste Kommentar zur Vaterunser-Bitte: „Vergib uns unsere Schuld, wie auch wir vergeben unseren Schuldigern" (Mt 6, 12). Die zentrale Botschaft des Gleichnisses ist der Satz: „Da erbarmte sich der Herr des Knechtes, ließ ihn frei und erließ ihm die Schuld" (Mt 18, 27). Aber so fährt der Text fort, jener Knecht erkannte nicht, daß er seine Freiheit nur dem Erbarmen des Herrn zu verdanken hatte und mißbrauchte sie, um einen Mitknecht ins Gefängnis zu werfen.

Das ist die Situation des Menschen. Er weiß nicht, daß er grundlos aus der Güte Gottes lebt und macht für den Mitmenschen und folglich auch für sich die Welt zum Gefängnis, weil er nicht vergeben, sondern nur aufrechnen kann.

Auch der Knecht des Gleichnisses geht der Einsicht aus dem Weg, daß seine *Lebensschuld* (Mt 18, 24: „zehntausend Talente"!) ihm nur die Bankrotterklärung übrigläßt, was seine „Verwaltung" des Daseins betrifft. Tatsächlich spüren wir, daß diese Schuld uns erdrücken muß, ja den sicheren Tod bedeutet, wenn keine Rettung kommt.

Hier nun kommt jede Psychotherapie an eine unüberschreitbare Grenze. Wenn sie den Hilfesuchenden zur Erkenntnis seiner Lebensschuld begleitet hat, kann sie ihn nicht mit billigem

Trost abspeisen. Jedes menschliche Verstehen kann nicht das Vergebungswort ersetzen, das nur von *Gott* her kommen kann. Aber *daß* dieses Wort an jeden ergeht, der sich dafür öffnet, das darf der Therapeut nachdrücklich zusagen und bekennen. Der Christ weiß, daß Jesus Christus das lebendige Vergebungswort Gottes für jeden Menschen ist, weil er stellvertretend die Schuld auf sich nahm, die den Menschen von Gott, vom *Leben* trennte. Denn Gott bagatellisiert die Schuld nicht, indem er sie einfach beiseiteschiebt. Dazu nimmt er den Menschen und seine Freiheit viel zu ernst. An Jesus wird offenbar, wohin die Schuld den Menschen führt: in Selbstgerechtigkeit, Haß und Verblendung. Das Kreuz zeigt, wo alles endet: im erniedrigenden Tod der Hinrichtung. Die Menschen werden sich gegenseitig zu Richtern und Henkern. Jesus nimmt auf sich, was den Menschen im Bannkreis der Schuld ins sichere Verderben stürzt: die Angst, den Verrat, die Demütigung und – den Tod. In all dem ist der Mensch von Gott getrennt, solange er auf seine Möglichkeiten starrt. Jesu Tod und Auferstehung öffnen einen Zugang zu Gott, weil Angst und Schuld Anfang der Befreiung werden können; denn Jesus nahm ihre ver-nichtende Last für uns alle hinweg.

Eine christliche Psychotherapie, die nicht bis hierher zu gehen bereit ist, bleibt vor dem Eigentlichen stehen. Denn die vielfältig im Neuen Testament berichteten Sündenvergebungen Jesu ruhen alle auf diesem Fundament: daß *Er* selbst die Schuld getragen hat. In die tiefen Abgründe der Schuld lassen deshalb auch nicht zuerst jene Texte der Bibel blicken, in denen von Sündern und von Sündenvergebung die Rede ist, sondern es ist die Leidensgeschichte des Herrn, das Kernstück des Neuen Testaments, die uns dabei führt. An Abschnitten aus ihr sollen deshalb auch abschließend noch einige wesentliche Aspekte *krankmachender* Schulderfahrung bedacht werden.

5.1 Die Angst lähmt mich
Jesu Todesangst (Mk 14, 32–36; Lk 22, 44)

A. *Und sie kamen zu einem Gehöft namens Getsemani ... und er begann zu erschauern und zu zagen und sprach zu ihnen: „Meine Seele ist betrübt bis in den Tod ..." Dann ging er ein wenig weiter, warf sich auf die Erde nieder und betete, daß diese Stunde an ihm vorübergehen möge, wenn es möglich wäre.*

Alle Todesangst, die Ängste von unzähligen Menschen sind in jener „Stunde" Jesu gesammelt.

Lukas schreibt noch plastischer:

Und als er in Angst geriet, betete er noch inständiger. Und sein Schweiß wurde wie Tropfen Blutes, die auf die Erde niederrannen.

Worauf blickt Jesus, da ihn der Angstschweiß überfällt? Es tritt ihm vor Augen, was man mit ihm anstellen wird, wenn er in den Händen der „Sünder" (Mk 14, 41) sich befindet. Er weiß, man wird ihn schuldig sprechen und einen qualvollen Tod sterben lassen.

Angst vor Strafe haben wir alle schon erlebt. Vielleicht haften uns unauslöschlich im Gedächtnis bange Stunden, die mit den Worten der Mutter begannen: „Warte nur, wenn der Vater heimkommt!"?

Was tat ich, um der Strafe zu entgehen? Half das Bitten und Betteln, verschont zu werden ...?

Wenn wir auf diese Weise in Jesu Todesangst hineingehen, könnte es sein, daß ein unbearbeitetes und *unvergebenes* Kapitel der eigenen Lebensgeschichte sich öffnet ...

Und heute: In welchen Situationen beschleicht mich die Angst, daß ich bestraft, geschlagen, getötet werden könnte, wenn man mich erwischt?

Welche Gesichter trägt Jesus in der Stunde seiner Todesangst? Blicke ich ins Neue Testament, dann begegnet mir da der Gelähmte, den Leute zu Jesus tragen und zu dem Jesus sagt: „Kind, deine Sünden sind dir vergeben" (Mk 2, 3–5). Der war also gelähmt vor Angst in seiner Schuld (Sünden) und konnte nicht einmal mehr gehen.

So ging es einem Klienten, der aus Angst, es könne ihm etwas passieren, sich nicht mehr auf die Straße traute. Der Gedanke, er müsse ohne Beichte sterben, bereitete ihm Todes-höllen-angst.

Aber auch die blutflüssige Frau (vgl. 4.4) fällt mir wieder ein. Als sie Farbe bekennen und ihren schweren Verstoß gegen das Gesetz zugeben soll, kam sie heran „voll Furcht und Zittern" (Mk 5,33). Was hat sie zu erwarten, wenn sie das Gebot der Reinheit so eklatant übertritt?

Das blanke Entsetzen sehe ich jedoch im Gesicht jener Frau geschrieben, die von ihren Richtern beim Ehebruch ertappt und zur vorgeschriebenen Steinigung geschleppt wird:

Sie stellten sie in die Mitte und sagten: „Meister, diese Frau ist auf frischer Tat beim Ehebruch ertappt worden. Im Gesetz aber hat uns Mose geboten, eine solche zu steinigen. Was sagst du dazu?" (Joh 8,3–5)

Ehebruch ist für den oben erwähnten Klienten das Schlimmste, was man tun kann. Denn dafür kann es kein Pardon geben. Deswegen muß er schon jeden Gedanken daran mit allen Mitteln abwehren. Wehe aber, wenn er sich nicht sicher „beweisen" kann, daß er einen solchen Gedanken nicht sofort weit von sich gewiesen hat!

B. Jesus hat am Ölberg eine Angst auf sich genommen, die den Menschen zerstören muß, wenn er nicht Gott als verzeihenden Vater entdecken lernt (vgl. Lk 15,20: „Und er (der Sohn) machte sich auf und ging zu seinem Vater. Als er noch weit entfernt war, sah ihn sein Vater und wurde von Erbarmen bewegt, lief herbei, fiel ihm um den Hals und küßte ihn").

Warum? Weil ohne die vergebende Liebe nur das *Gesetz* der Maßstab für Leben und Tod sein kann: das Gesetz der Vergeltung, welches fordert, daß die Verletzung des Rechts bestraft werden muß, damit die Welt in Ordnung bleibt.

Der eigentliche Motor der Schuldangst ist das unerbittliche Gesetz, vor dem es kein Entrinnen gibt. Die Todesangst meint hier die Angst vor der Todesstrafe, die für schwere Vergehen vollzogen wird.

Die Wurzel einer Angst, die in schlimmen Fällen jede Aktivität unmöglich macht, ist also stets ein „schlechtes Gewissen". Für eine bestimmte Tat oder, wie wir noch sehen werden, sogar Gedanken erwartet mich eine Strafe, wenn es mir nicht gelingt, diese Tat zu ent-schuldigen, bevor die Strafe eintrifft. Auf dem Hintergrund der jahrhundertelang gepredigten Vorstellungen von Himmel und Hölle bedeutet dies, daß die Sache in irgendeiner Weise *vor* dem Tod in Ordnung gebracht werden muß, damit die Strafe nicht vernichtend „ewig" ist.

Aus dieser Angst vor der Strafe für eine Schuld erwächst folgerichtig die Angst vor Schuld überhaupt: Ich habe Angst, schuldig zu werden. Denn damit beginnt ja die Katastrophe. Also kommt es darauf an, *unschuldig zu bleiben,* stets so zu leben, daß „man mir nichts vorwerfen kann". Diesem Ziel komme ich aber in dieser unserer realen Welt nur näher, wenn ich mich gleichsam tot stelle, nichts mehr tue, um ja nichts falsch zu machen. Oder aber ich gehe zurück auf die Stufe des unmündigen „unschuldigen" Kindes, dem man sein Handeln nicht zum Vorwurf machen kann.

Ein Mann, der die Lebensmitte bereits überschritten hat, sucht mich wegen einer schweren Angstneurose und Depression mit akuter Suizidgefährdung auf. Er hat bereits mehrere Klinikaufenthalte hinter sich.

Schon die ersten Gespräche zeigen die verhängnisvolle Kettenreaktion der Strafangst: Weil er Sündhaftes gedacht hat, ist er schuldig und hat als Strafe die „ewige Pein" verdient, denn er hat „Ehebruchsgedanken". Die Angst, in diesem Zustand ohne Beichte sterben zu müssen, steigert die Todesangst derart, daß heftige Atem- und Herzbeschwerden eintreten. Ist keine Hilfe greifbar, dann drängen sich Selbsttötungsgedanken auf, die erst recht noch einmal die Schuldgefühle ins Unermeßliche steigern.

Solche Zustände sind selbst schon die Hölle. Und doch sind sie verursacht durch die Angst vor der Höllenstrafe, die ein „gerechter Gott" für so „abgrundtiefe Schlechtigkeit" – denn so wird der eigene Zustand vom Klienten empfunden – verhängen muß.

In dem hier erwähnten Fall war die Angstneurose wie ein

Krebsgeschwür durchgebrochen, nachdem der Klient jahrzehnte den oben bereits besprochenen „Unschuldswahn" mit mehr oder weniger Erfolg praktiziert hatte. Er war dauernd krank, phasenweise sehr schwer und mußte sein Leben lang versorgt werden wie ein kleines Kind. Es wundert nicht, daß er in diesem Zustand auch bis in die Gesichtszüge hinein verblieb und sich weigerte, ein Mann zu werden. Sein Konzept, unschuldig und damit unverantwortlich zu bleiben, wurde ihm schließlich durch die Macht der verdrängten Gefühle zunichte gemacht, die über ihn wie Dämonen in sexuellen Zwangsphantasien und Suizidgedanken (also gegen ihn selbst gerichtete Aggression) herfielen. Diese Zwangsgedanken hatten aber gerade den Inhalt, den er glaubte, ein für alle mal aus seinem Denken und Handeln ausgeschlossen zu haben, um als ein guter, gläubiger Christ vorbildhaft zu leben.

Was treibt den Teufelskreis der Schuldangst an? Es ist das Gottesbild des *Richters,* das sich in der vom Christentum geprägten Kultur seit Jahrhunderten in die Herzen der Menschen eingenistet hat und aus menschlicher Anstrengung heraus nicht korrigierbar ist. Warum gerade dieses Bild Gottes oder Jesu solche Wirkungen entfaltete und nicht andere Gottesbilder der Bibel oder wesentlichere Aspekte der Verkündigung Jesu, hat viele Gründe, die hier nicht thematisiert werden können. Mit durchschlaggebend war dabei aber zweifellos, daß dieses Gottesbild dem juristischen Denken (ausgleichende Gerechtigkeit) des Abendlandes, einem Erbe der Römer, entgegenkommt. Denn in ihm spielt in erster Linie der *Wille* eine entscheidende Rolle, der wiederum als Instrument für die charakterliche Selbst-formung des Menschen besondere Bedeutung hat. „Christliche Erziehung" wurde von daher auch stets als „Willens- und Charakterschulung" begriffen, wobei es galt, die Untugenden schon beim Kleinkind gewaltsam auszutreiben, damit die Selbsterziehung später nur noch Feinarbeit leisten mußte.

Zur krankhaften Angst der Schulderfahrung gehört ja dazu, daß eine innere Instanz (die bei Christen gerne mit „Gott" oder „Gewissen" gleichgesetzt wird) anklagt für eine Sache, gegen die der Betreffende schon immer mit Willenskraft angekämpft hat, weil er sie *nicht will.* Schuldangst bezieht sich immer auf ein

„Vergehen", das – genau betrachtet – einen Verstoß gegen ein *elterliches Gebot* darstellt. In der Schuldangst bleibt der Mensch also im Bannkreis der „Elterngötter" gefangen und hat zu einer wirklichen Individualität und personalen Verantwortung für sich und andere noch nicht gefunden. Weil das so ist, deshalb führt auch keine eigene Anstrengung aus der Hölle dieser Angst heraus. Im Gegenteil: jede willentliche Bemühung zieht nur tiefer hinein.

Die Todesangst, die aus Schuldgefühlen kommt, wird ja wie eine dämonische Macht erfahren, der ich ausgeliefert bin. Ein Mensch, der sich in ihr befindet, hat keinen Boden mehr unter den Füßen, worauf er stehen und Halt finden könnte. Jeder Appell an den Betroffenen, sich „doch zusammenzunehmen", wie er dann – verständlicherweise – von überstrapazierten Angehörigen zu vernehmen ist, muß ins Leere gehen, ja die innere Not noch verstärken.

Gerade religiös erzogene Menschen, die auch selbst gern „gläubig" sein wollen, beten in solchen Situationen oder versuchen es. Ich werde gelegentlich gefragt, ob das richtig sei oder was man denn tun könne.

Aus therapeutischer Sicht gibt es nur einen Weg, der freilich einen Anfang von Vertrauen in den Therapeuten voraussetzt: Ich muß *in* die Angst bewußt hineingehen und mich nicht mit Händen und Füßen dagegen sträuben. Wenn ich bete, dann muß ich *meine jetzige Situation der Angst* vor Gott hintragen, klagend und jammernd. Das setzt, wie gesagt, freilich voraus, daß das Mißtrauen gegen Gott so weit abgebaut ist, daß ich vertraue, er werde mich in der Todesangst nicht (als Strafe) umkommen lassen.

Weil Jesus die Angst durchlitten hat und die Seele, die „betrübt ist bis in den Tod" (Mk 14,34) durch den Tod ins *Leben* für uns durchgetragen hat (Auferstehung), deshalb konnten die Evangelisten folgende Geschichte der Angstüberwindung überliefern:

„Da erhob sich ein gewaltiger Sturmwind, und die Wogen schlugen ins Boot, so daß das Boot sich schon füllte. Er aber schlief ... Da weckten sie ihn und sagten zu ihm: „Meister, liegt dir nichts daran,

daß wir zugrunde gehen?" Und er stand auf ... und sprach zur See: „Schweige, sei still". Da legte sich der Wind und es ward große Stille. Und er sprach zu ihnen: „Was seid ihr so furchtsam! Warum habt ihr keinen Glauben?" (Mk 4, 37–40)

Nach dem vorher Gesagten hoffe ich, daß man den angebotenen Text nicht in der Weise mißversteht, als sei Gebet ein Wundermittel, um eine Angstneurose zu heilen. Es geht vielmehr, um es noch einmal zu betonen, darum, den Klienten zu ermutigen, in die Angst hineinzugehen und ihr nicht wie bisher ohnmächtig als Spielball ausgeliefert zu sein. Die Jünger im Boot erfuhren die Angst und schreien *in ihr* zum Herrn. Freilich, wie schwierig das ist, zeigt auch schon das Neue Testament, dem offenbar das Thema „Jesus und die Angst" sehr wichtig ist. Denn eine weitere Überlieferung berichtet davon, daß das Boot nachts auf dem See war und Jesus auf die Jünger zukommt. Sie aber meinten „es sei ein Gespenst und schrien auf. Denn alle sahen ihn und waren entsetzt" (Mk 6, 49–50). Und bei Matthäus wagt Petrus einen Versuch, zum Herrn zu gehen, als dieser ihnen sein „Mut! Ich bin es. Fürchtet euch nicht!" zugerufen hatte (Mt 14, 27). Aber der Versuch scheitert: „Als er den Wind sah, fürchtete er sich und als er zu sinken begann, schrie er: ,Herr, rette mich!'" (Mt 14, 30).

So einfach ist es also nicht mit dem Vertrauen, obwohl es keinen anderen Weg gibt. Hier, wo die Angst mich packt und sonst nirgends ist ja der Ort, wo ich in die Wahrheit meines Lebens komme und – vielleicht zum ersten Mal – eine Ahnung des *lebendigen* Gottes erspüre, den ich als einzige Gegenmacht gegen den inneren Richter anrufen kann. Dazu muß ich aber zuerst einmal sehen, daß beide, Gott und der innere Richter, nicht identisch sind.

Ich kann es sehen, wenn ich auf Jesus am Ölberg schaue:

„Und als er in Angst geriet, betete er noch inständiger. Und sein Schweiß wurde wie Tropfen Blutes, die auf die Erde niederrannen" (Lk 22, 44).

5.2 Vor dem Richterstuhl
Jesus vor Pilatus (Joh 18, 29–31; 19, 6b–7)

A. *Pilatus ging zu ihnen hinaus und sagte: „Was habt ihr für eine Anklage gegen diesen Menschen vorzubringen? Sie antworteten: „Wenn der da kein Verbrecher wäre, hätten wir ihn dir nicht ausgeliefert." Da sagte Pilatus zu ihnen: „Nehmt ihr ihn und richtet ihn nach eurem Gesetze". Sie antworteten und sagten ihm: „Wir haben nicht das Recht, jemand hinzurichten".*

Pilatus, der Richter geht hinaus, weil die Ankläger sich nicht verunreinigen wollen, um das Paschamahl essen zu können (Vers 28). Das religiöse Tun darf nicht beeinträchtigt werden durch die Anklage Jesu. Die Schuld steht schon fest und das Strafmaß wird dem Richter auch vor die Füße gelegt: Hinrichtung. Wenn Jesus am Kreuz hängt, läßt sich in Reinheit das Osterlamm essen und der Großtaten Gottes am Volk Israel gedenken.

Furchtbarer wird uns wohl nirgends die völlige Abspaltung menschlicher Gefühle von religiösem Handeln vor Augen geführt als hier. Unbändiger Haß gegenüber einem Menschen, der das eigene Selbstgefühl kränkt, wird nicht als Widerspruch zur Religion empfunden, sondern man glaubt Gott noch einen Dienst zu erweisen. Die Ankläger wissen, daß sie einen hingerichtet wissen wollen, der „Schlechtes tut" (so muß man „Verbrecher" in Vers 30 wörtlich übersetzen). Was gut und was schlecht ist, beurteilen sie: „Schlecht" ist, was das *Idealbild* zerbricht, dem die Ankläger zu entsprechen beanspruchen. Alles Tun, was die Selbstgefälligkeit angreift und die Illusion, gut und gerecht zu sein, zerstört, ist deshalb böse.

In meinem Inneren können sich solche Gerichtsszenen abspielen: Wer klagt mich da an und hat den Schuldspruch schon bereit? – – – Muß ich mir von den Anklägern sagen lassen, daß ich „Schlechtes tue", was den Normen der Religion entgegensteht?

Pilatus sagte zu ihnen: „Nehmt ihr ihn und kreuzigt ihn. Denn ich finde keine Schuld an ihm." Die Juden antworteten ihm: „Wir haben ein Gesetz. Und nach dem Gesetz muß er sterben, weil er sich zum Sohn Gottes gemacht hat."

Pilatus kann keine Schuld bei Jesus finden, welche die Todes-strafe rechtfertigen würde. Aber darum geht es nicht. Die Anklä-ger haben ein Gesetz, und nach diesem Gesetz muß er sterben. Verstehen erübrigt sich dort, wo ein *Gesetz* das Menschliche längst verdrängt hat. Das Gesetz erspart die Mühe, nach Um-ständen und Bedingungen zu fragen. Es braucht keine Erklärun-gen und schon gar keine Entschuldigung. Denn die genau, die Entschuld-igung, gibt es vor dem Gesetz nicht.

An dieser Stelle wird deutlich, daß die Anklage vor dem Rich-terstuhl des Pilatus für Jesus nur der Höhepunkt und der Ab-schluß einer Anklagekette gegen ihn ist, in der stets derselbe Vorwurf vorkommt: Er handelt gegen das *Gesetz:* „Wir haben ein Gesetz und nach dem muß er sterben", weil er den Menschen höher bewertet als dieses Gesetz.

Wieder kommt mir die Frau in den Sinn, die von den Schrift-gelehrten und Pharisäern herbeigeschleppt wird, nachdem sie beim Ehebruch ertappt worden war: „Meister, diese Frau ist auf frischer Tat ... ertappt worden. Im Gesetz aber hat uns Mose geboten, eine solche zu steinigen ..." (Joh 8, 4–5). Das *Gesetz* kennt kein Wenn und Aber, keine Frage nach möglichen Grün-den oder besonderen Bedingungen. Wer das Gesetz nicht ein-hält, hat keinen Anspruch, als Mensch im Vollsinn behandelt zu werden. Jesus umgibt sich mit solchen Menschen, die „Uner-laubtes tun" (Mk 2, 23–24: Die Jünger rupfen Ähren am Sabbat) und er läßt sogar zu, daß Gesetzesbrecher ihn intim berühren, wie die „Sünderin", die Jesu Füße mit ihren Tränen benetzt und mit ihren Haaren trocknet (Lk 7, 36–50; Vers 39: Der Pharisäer sagte bei sich: ...„sie ist ja eine Sünderin!" *Er* weiß es also ge-nau). Jesus hat keine Chance vor seinen Anklägern, die das Ge-setz haben. In diesen Stunden vor seinem bitteren Ende steht er stellvertretend für alle, denen kein Pardon gegeben wird, weil es das Gesetz gibt. Wenn sein Einsatz für den Menschen – für *mich!* – end-gültig im Aus des Kreuzestodes (das heißt: des Ver-brechertods) enden würde, gäbe es keine Hoffnung, um dem in-neren Ankläger, Richter und Henker zu entrinnen. Das *Gesetz* spricht unweigerlich gegen mich.

B. Wir hatten bereits mehrfach Veranlassung, auf die Entstehung einer inneren richterlichen Instanz im Menschen zu sprechen zu kommen. Wir erkannten dabei, daß dieser Richter die verinnerlichte Stimme der Eltern ist, daß er also nach Normen und Maßstäben urteilt, die uns als Kindern „beigebracht" wurden. Sie spiegeln in der Regel die vorherrschenden moralischen Gesetze einer Gesellschaft, zumindest einer Gruppe, der die Eltern sich zugehörig fühlen.

Unter dem Aspekt der *Schuld* kommt jene innere Instanz besonders als *Ankläger* in den Blick, obwohl sie gleichzeitig auch die Funktionen des Richters und des Henkers (siehe dazu 5.3) erfüllt.

Der Leser wird unschwer das „Über-Ich" der Freudschen Psychologie erkennen und fragen, ob hier nicht das Gewissen als innere Stimme Gottes in unzulässiger Weise negativ mißdeutet wird. Als Antwort darauf darf noch einmal an das erinnert werden, was am Eingang dieses Kapitels über die Schuld gesagt wurde, insbesondere über den Weg vom falschen zum echten Schuldbewußtsein. Das Gewissen ruft den Menschen zu seiner *wahren* Schuld vor Gott und den Menschen (einschließlich sich selbst). Seine Norm ist aber der *Mensch* (so wie ihn Gott gedacht hat), nicht das Gesetz.

Der innere Richter und Ankläger urteilt nach dem Gesetz: „Wir haben ein Gesetz, und nach dem muß er sterben".

Nur so ist die panische Angst des mehrfach erwähnten Klienten zu verstehen. Selbst Gott ist eigentlich ohnmächtig, wenn wirklich feststeht, daß er „in Gedanken, Worten und Werken" (bei ihm trifft nur noch das erste zu) gesündigt hat. Zwar hat die Kirche das magische Ritual der Lossprechung in der Beichte geschaffen. Aber dabei gibt es so viele Einzelheiten, die falsch laufen können (vom Kind als die „einzelnen Teile" des Bußsakraments gelernt), daß auch dadurch keine Sicherheit der Vergebung entsteht.

Wir dürfen uns an dieser Stelle klarmachen, daß der „Zaun des Gesetzes" eine notwendige Einrichtung unter Menschen darstellt und daß besonders der Jugendliche die verinnerlichten Gesetze zum Aufbau eines Ichideals braucht, um die Auseinandersetzung mit der ihn überschwemmenden Triebhaftigkeit bestehen zu können.

Das Verhängnisvolle ist nur, daß sich dieses Ich-ideal verselbständigt und ohne Bezug zur konkreten Wirklichkeit des Menschen seine Herrschaft installiert.

Ein Vergleich mit der Geschichte des jüdischen Volkes kann das Gemeinte verdeutlichen: Das Gesetz des Moses war in einer Zeit für Israel lebenswichtig, als es darum ging, die Eigenart des Volkes inmitten fremder Völker (und Götter!) zu finden und zu bewahren. Aber das Sich-halten an das Gesetz löste sich immer mehr vom tatsächlichen Leben und machte blind für die wirkliche menschliche Not und die eigene Selbstgerechtigkeit.

Das entscheidende Merkmal des inneren Richters ist seine Unerbittlichkeit („Du taugst doch *überhaupt* nichts!") und daß er mit Drohungen von Strafe Angst macht. Das Übertreten des Gesetzes wird nicht als eine vergebbare Schwäche gewertet, sondern es macht den, der das Gesetz übertritt, als solchen schlecht und böse.

In der Psychotherapie kann man immer wieder erschrecken, welche gewaltige Macht das Über-Ich entfaltet. Seine Wut gegen das ungehorsame Ich kann so groß sein, daß sie den Menschen nicht nur schwer krank macht, sondern regelrecht zerstört. Diese innere Instanz wird zum Tyrann, zum Despoten, der sich den Menschen rücksichtslos unterwirft.

Der Zustand, in dem sich der vom Über-Ich Beherrschte befindet, wird von Klienten als Gefangenschaft wiedergegeben, aus der sie keinen Ausweg finden. Tatsächlich gibt es vor dem Schuldspruch des inneren Anklägers kein Entrinnen. Denn dieser Tyrann ist ein fester Bestandteil meiner Person geworden. Dieser „innere Khomeini" nimmt mir den Mut, mich auf andere Menschen einzulassen, zu handeln, weil ich dauernd seine Vorwürfe fürchte und erwarten muß, daß ich „zur Sau" gemacht werde.

Eine Klientin, die zunächst vor dem Vater, dann vor dem verinnerlichten Richter sprachlos erstarrte, wenn sie sich mit ihm eigentlich auseinander-setzen sollte, leidet zutiefst unter ihrem Gefangensein in der Unfähigkeit, sich zu anderen hin zu öffnen, etwas von sich zu sagen. Sie schreibt in ihr Tagebuch: „... Immer wurden in mich zu hohe Erwartungen gesetzt, die ich nie in der Lage war zu erfüllen. Es zählte nur die Leistung ... Ich war gar nicht wichtig, zumindest empfand ich es so.

Ich spüre, daß mir die meiste Zeit meines Lebens fehlt. Es ist wie eine große Lücke, die sich nicht mehr schließen läßt. Wie kann ich mein Leben im Jetzt leben, ohne der vergangenen Zeit nachzutrauern? Ich glaube, solange ich mich nicht näher kenne, werde ich nie meinen Weg finden. Ich kann zwar spüren, in welche Richtung es vielleicht gehen könnte, ich kann darin eine tiefe Sehnsucht spüren, doch letztlich Ja sagen kann ich erst, wenn ich Ja zu mir sagen kann. Ob ich das je kann? ..."

Daß ich das nicht mehr sehen kann, mich selbst bejahen, das macht das Leben leer und sinnlos. Aber unter den Normen des Gesetzes kann ich nicht Ja zu mir sagen, weil ich den Idealen nie entspreche.

Die Folge ist, daß ich nicht nur gegen mich, sondern auch mißtrauisch und feindselig gegenüber anderen werde. So beobachtet die erwähnte Klientin bei ihrer Mutter:

„Hinter allem steht bei ihr eine große Sinnlosigkeit ... Jeder Versuch, sie für kurze Zeit aus ihrem Gefängnis zu entlocken, scheitert. Sie zerstört sich im Grunde systematisch Stück für Stück. Sie möchte vielleicht gar nicht mehr leben. Sie läßt niemand an sich heran ... Niemand darf ihr zu nahe kommen. Seit einiger Zeit tut mir ihre Abgesondertheit, ihre Zurückgezogenheit, aber auch ihr ‚Gehässigsein' richtig weh ..."

Das *Gesetz* ihrer Familie formuliert die Klientin in einer anderen Aufzeichnung so:

„ Wir bauen uns ein Gefängnis, das sehr gut von uns bewacht wird, niemand hat zu uns Zutritt. Zutritt strengstens verboten. Bei Zuwiderhandlung muß mit strengen Strafen gerechnet werden. Wir bleiben unter uns; die anderen könnten gefährlich sein und uns etwas anhaben wollen ... Das habe ich perfekt von den Eltern übernommen ... Was liegt in der Tiefe, zu der ich noch keinen Zutritt habe, was wurde verschüttet und eingemauert? Manchmal glaube ich, sind die Mauern zu fest und zu dick, daß sie noch beseitigt/abge-

tragen werden könnten. Nicht einmal Sprengstoff würde die Mau-
ern zum Einstürzen bringen."

Dem inneren Richter ausgeliefert, bleibe ich eingeschlossen
und dem Gesetz unterworfen. Zur dunklen Kleidung, welche
die Klientin tragen mußte, fällt ihr ein: „Das Dunkel paßt gerade
zum Gesamtbild des Gefangenseins, der Fremdbestimmung von
außen, dem Verfallensein – man tut, man hat, man muß so denken –, dem Verschlossensein …"
Jesus Christus hat sich in dieses Gefangensein begeben und
sich dem unerbittlichen Spruch des Gesetzes freiwillig ausgeliefert. Eine Sprengung der Mauern kann nur durch die Kraft seines Geistes geschehen, den er uns als Frucht seines Leidens und
Todes sandte. Das nicht gelebte Leben – die eigentliche Schuld!
– ist nach menschlichem Ermessen die „große Sinnlosigkeit".
Nur Christus kann das Tote in Leben verwandeln.

5.3 Was habt ihr aus mir gemacht?
Verspottung und Demütigung Jesu (Joh 18, 19–22; 19, 1–5)

A. *Der Hohepriester stellte an Jesus Fragen … Jesus antwortete:*
„Ich habe öffentlich zur Welt geredet … Warum fragst du mich?
Frage die, die gehört haben, was ich zu ihnen geredet habe … Als er
dies sprach versetzte einer der Diener, der dabeistand, Jesus einen
Schlag ins Gesicht und sagte: „So antwortest du dem Hohenprie-
ster?"

Vor dem Richter gibt es keinen Widerspruch.
Auch das haben wir sehr früh gelernt: den Eltern zu widersprechen ist „frech" und dafür gibt es eine „hinter die Ohren"
oder, wie in dieser Szene, ins Gesicht.
Die Situation Jesu ruft gefühlsstarke Bilder des nichtgelebten
Lebens in Erinnerung. Wird Jesu nicht genauso behandelt wie
ein „freches" Kind? Er hat ja keinen Respekt vor der Autorität
und wagt es, die Frage des Hohenpriesters wirklichkeitsgetreu
als überflüssig zu erklären.
Die demütigende Ohrfeige des Stärkeren zeigt dem Kind
schon früh, daß es seine Gedanken und Gefühle für sich behal-

ten und nur antworten soll, wenn es gefragt ist. Jesus geht hier hinein in das, was für uns oft weit verdrängt ist, weil es so beschämend war. Um so stärker wirkt die verdrängte Wut gegen mich selbst und gibt dem inneren Richter zusätzlich die Peitsche in die Hand: „Warte nur, ich werde dir zeigen, wer hier das Sagen hat!"

Die Gesetzeserfüllung erfolgt(e) ja nicht aufgrund von Einsicht in deren Sinn, sondern aus Angst vor der Strafe, die nach dem Grad der Gebotsverletzung „gerecht" gestaffelt war (ist).

Darauf nun nahm Pilatus Jesus und ließ ihn geißeln. Und die Soldaten flochten eine Krone aus Dornen und setzten sie auf sein Haupt und warfen ihm einen Purpurmantel um, traten auf ihn zu und sagten: „Sei gegrüßt, König der Juden", und sie gaben ihm Ohrfeigen. Darauf ging Pilatus wieder hinaus und sagte zu ihnen: „Seht, ich bringe ihn euch heraus, damit ihr erkennt, daß ich keine Schuld finde." Jesus trat also heraus, angetan mit Dornenkrone und Purpurmantel. Und er sagte zu ihnen: „Da ist der Mensch".

Willenlos, völlig der Will-kür der Mächtigeren ausgeliefert zu sein – wer kann erahnen, welche Spuren solche Situationen in der Seele des Menschen hinterlassen? Es gibt Untersuchungen von Schicksalen Gefolterter, die in der Aussage münden, daß Menschen, die solches mitmachten, die Fähigkeit geraubt wurde, sich je wieder als vollwertig anzunehmen und den Mitmenschen ohne Mißtrauen zu begegnen.

Und doch trägt der gegeißelte, verhöhnte und gedemütigte Jesus nicht nur das Antlitz weniger, die ein besonderes grausames Schicksal erlitten. Der unter Peitschenhieben blutende und zum Gespött Gemachte ist *der Mensch* ...!

„ich höre eine türe zuschlagen, schwere schritte die treppe hinaufschlurfen. ‚schwartemage' nannte mein pflegevater die prügel. er schlug mich mit seinem militärgurt ... meist war ich nackt." (mariella mehr, steinzeit, S. 55).

„Brutalität hinterläßt Narben am Körper und an der Seele".
Alljährlich werden in Karlsruhe eine nicht schätzbare Zahl „Schutzbefohlener" gequält und geschlagen.

24 Fälle von „Mißhandlung Schutzbefohlener" wurden im vergangenen Jahr beim Polizeipräsidium Karlsruhe aktenkundig... Die kaum schätzbare Dunkelziffer beträgt wahrscheinlich etwa das Vierzigfache. Also fast 1000 Frauen, Kinder und Jugendliche, fast 1000 gefolterte, geprügelte, gequälte und eingeschüchterte Menschen. Bundesweit sind es über 100 000. Jedes Jahr..." (Badische Neueste Nachrichten, Nr. 89, 14. April 1984, S. 55).

„Kindesmißhandlung: Jedes Jahr 100 Todesfälle
Noch keine gezielte ärztliche Vorbeugung in der BRD ... (df) Rund 30 000 mal im Jahr ermittelt die Polizei in der Bundesrepublik Deutschland wegen Kindesmißhandlung. Wie die polizeiliche Sonderstatistik ausweist, starben im Zeitraum von 1968–1982 1348 Kinder an den Folgen von Mißhandlungen; werden zumeist von einem Elternteil in planmäßiger Brutalität oder im ungezügelten Affekt umgebracht ..." (deutscher Forschungsdienst; Berichte aus der Wissenschaft Nr. 39/85 vom 25. September 1985)

... Jesus trat heraus, angetan mit Dornenkrone und Purpurmantel. Und er sprach zu ihnen: „Da ist der Mensch" (Joh 19, 5).

B. Zunächst mag es irritieren wenn im Zusammenhang des Themas „Schuld" von der Demütigung und Mißhandlung von Menschen, besonders auch Kindern, die Rede ist. Wird hier nicht doch von einem Randbereich gesprochen, der zwar von Fall zu Fall tragisch sein kann, aber doch – Gott sei Dank – den Großteil der Menschen nicht betrifft?

Einer solchen Vermutung widerspricht allerdings die klare Aussage in Joh 19, 5: Da ist der Mensch, wörtlich: Siehe da: der Mensch! Wir müssen also zu verstehen lernen, inwiefern im vespotteten und mißhandelten Jesus uns ein Bild *des* Menschen vor Augen gestellt wird, inwiefern er Sünder und des Todes schuldig ist. Denn Jesus hat ja an unserer statt gelitten und ist für uns gestorben, um die tödliche Macht der Sünden-Schuld zu brechen. Worin besteht sie?

Rufen wir uns kurz in Erinnerung: Die eigentliche, wahre Schuld des Menschen besteht darin, daß er sich von Gott als seinem Ursprung und Ziel ab-sondert (= Sünde), um sich Gott nicht verdanken zu müssen (vgl. Römer 1,21: ... weil sie Gott nicht als Gott verherrlichten und ihm nicht dankten ...). Die tiefere Ursache dafür ist das *Mißtrauen* gegen Gott, daß er es mit mir gut meint. Es erwächst aus der Enttäuschung in der frühesten Kindheit, nicht so geliebt zu werden, wie ich bin. Als Folge versucht der Mensch sich selbst seine Daseinsberechtigung zu verdienen, indem er sich anstrengt, *moralisch* gut und deshalb lobenswert zu sein. Er möchte für seinen Lebensinhalt auf niemanden mehr angewiesen sein.

Diese tiefe Lebensschuld und Lebenslüge wird aber *verdeckt* durch die Schuldgefühle und das Schuldbewußtsein, das durch die *Angst* vor dem Tod als möglichem Scheitern seiner Bemühungen und durch den Schuldspruch des inneren *Richters,* das Über-Ich, ausgelöst werden (siehe 5.2 und 5.3). Nunmehr wird deutlich, daß diese innere verurteilende Instanz auch die Funktionen des Henkers innehat und in sadistischer Weise über das schwache Ich herfällt, das nicht perfekt ist.

Da der Weg zur Erkenntnis der wahren Schuld nur im Durchschreiten der Hölle der falschen Schuldgefühle möglich ist, geht Jesus den Leidensweg, bevor er im Kreuzestod zugleich die tiefste Schuld der Gottesferne auf sich nimmt und ihre Vergebung durch Gott anbietet (vgl. 5.4).

Die tödliche Macht der Sünden-Schuld besteht darin, daß sie den Menschen so beherrscht, daß er diesen Zustand für end-gültig hält und mit Verzweiflung darauf reagiert. Die Formen, in der sie sich äußert, sind vielfältig und können an dieser Stelle nicht ausführlich besprochen werden. Sören Kierkegaard hat sie bekanntlich auf zwei Grundformen zurückgeführt: entweder verzweifelt man selbst sein wollen (und sich doch nie zu finden) oder verzweifelt nicht man selbst sein wollen (und sich doch nie loszuwerden, auch wenn man im anderen „aufgehen" will).

Doch kommen wir zurück zur krankhaften Schuld und dem Stellenwert, den die Auspeitschung durch den Richter (vgl. Joh 19,1: Pilatus *nahm* Jesus und ließ ihn geißeln) für den Prozeß der Suche nach der wahren Schuld hat.

Der innere Richter, Ankläger und Henker wurde, wie wir uns erinnern, installiert, damit ich den moralischen Normen gemäß handle und mich als gut und wertvoll ansehen kann. Wenn ich mich verfehle, werde ich zu recht bestraft („wir haben ein Gesetz..." Joh 19,7); denn nur so kann die (innere) Ordnung wiederhergestellt werden und ich bekomme eine neue Chance, weil ich durch Schmerzen „bezahlt" habe. Die Arten der Bestrafung bilden eine breite Palette, die vom „stillen Vorwurf" über die dauernde gedankliche Selbstpeinigung bis zur Selbsttötung reicht.

Das tyrannische Überich, das mich „zur Sau macht" und das nicht vergeben kann, ist weithin unbewußt und wird deshalb besonders deutlich nach außen projiziert. „Außen", das heißt im mitmenschlichen Umgang geschieht ja nichts, das nicht zuvor „drinnen" geschieht. Der Wiener Psychotherapeut *Viktor E. Frankl* sprach vom „inneren KZ", das in jedem Menschen sich befindet. All die Grausamkeiten, die Menschen sich antun, von der Kindesmißhandlung bis zu Religionskriegen, sind Ausdruck der Grausamkeit eines unerbittlich-sadistischen Überichs, das im Namen des Gesetzes (der „erzieherischen Grundsätze", der Moral, der Religion usw.) urteilt und straft.

Wogegen der innere Richter besonders streng vorgeht und unnachgiebig bestraft, sind aggressive und sexuelle Triebregungen. Sie stellen ja auch die als Ideal angestrebte Nächstenliebe und Reinheit am meisten in Frage. Es wundert uns deshalb nicht, daß die Regungen sich auf eine Weise Geltung zu schaffen versuchen, die den inneren Ankläger zu umgehen trachtet. Dies geschieht, indem das „Böse" dieser Triebimpulse beim *anderen* entlarvt, verurteilt und bestraft wird. Die „Züchtigung" von Kindern etwa ist psychoanalytisch die Betätigung der sadistischen Komponente der Sexuallust unter dem Deckmantel der Erziehung. Denn gerade hier spielen Demütigung und Erniedrigung eine besondere Rolle, zumal das Entblößen intimer Körperpartien in der Regel dazugehört.

Solange der Mechanismus der Projektion nicht erkannt wird, setzt sich die unheilvolle Verachtung des Menschen wie ein Steppenbrand fort, so daß eine Verstrickung entsteht, aus der niemand mehr entrinnen kann:

„Zu den Instrumenten, mit denen geschlagen wurde, gehörten Peitschen der verschiedensten Art, darunter Klopfpeitschen, Schaufeln, Stöcke, Rohrstöcke, Eisen und Holzstangen, Rutenbündel …

Eine Vorstellung von der Häufigkeit des Schlagens gewinnt man, wenn man hört, daß ein deutscher Schullehrer ausrechnete, daß er 911 527 Stockhiebe, 124 000 Peitschenhiebe, 136 715 Schläge mit der Hand und 1 115 800 Ohrfeigen verteilt hatte. Die in den Quellen geschilderten Schläge waren im allgemeinen schwer, führten zu Blutergüssen und Blutungen, begannen früh und bildeten einen regelmäßigen Bestandteil des Lebens von Kindern. Jahrhundert um Jahrhundert wuchsen geschlagene Kinder heran, die wiederum ihre eigenen Kinder schlugen …" (Lloyd de Mause, Hört ihr die Kinder weinen, S. 67–68).*

Das Ausmaß von unterdrückter Wut und verdrängtem Haß läßt sich dabei nicht ermessen. Und so staute und staut sich in den Herzen der Menschen nicht vergebene Schuld, die immer neu das Gift des Mißtrauens anreichert, und zu neuem Selbsthaß und unkontrollierten Wutausbrüchen führt:

„Pilatus sagte zu ihnen: „Was soll ich tun mit dem, den ihr den König der Juden nennt?" Die aber schrien wiederum: „Laß ihn kreuzigen!" Pilatus aber sagte ihnen: „Was hat er denn Böses getan?" Die aber schrien noch mehr: „Kreuzige ihn!" (Mk 15, 12–14).

Wenn wir uns den unlösbaren Zusammenhang von Selbsthaß und Menschenverachtung vor Augen halten, dann wird auch noch klarer, warum in Joh 19, 1–5 der Mensch als Scheinkönig mit Krone und Purpurmantel vorgeführt wird: Einerseits verkörpert er den verhöhnten Menschen, beziehungsweise das gedemütigte Ich; andererseits stellt er aber auch den inneren Tyrannen, das Überich, selbst dar und enthüllt dessen wahres Wesen: er maßt sich die Königswürde an und ist doch nur eine Spottfigur. Zugleich wird die Schuld des Menschen vor Gott als Selbst-herrschaft offengelegt, die sich der Herrschaft Gottes (oder wie das Neue Testament auch sagt: dem „Reich Gottes") entschieden widersetzt.

Jesus nimmt in seiner Person jede Schuldzuweisung, alle Projektionen des inneren Tyrannen auf andere zurück und stellt so die Wahrheit des Menschen wieder her.

Das wird besonders klar, wenn wir zuletzt noch eine Deutung des Leidens Jesu betrachten, die das Neue Testament heranzieht: die Gebete der Psalmisten. Im 22. Psalm (Mein Gott, mein Gott, warum hast du mich verlassen ...? vgl. das Zitat in Mk 15,34) projiziert der Beter wie in vielen anderen Psalmen die Bedrängnis durch den inneren Richter auf den äußeren Feind:

„Viele Stiere umgeben mich, Büffel von Baschan umringen mich. Sie sperren gegen mich ihren Rachen auf, reißende, brüllende Löwen. Viele Hunde umlagern mich, eine Rotte von Bösen umkreist mich, sie durchbohren mir Hände und Füße ..." (Ps 22, 14.17).

Oder der Beter des 42. Psalms, den Markus im 14, 34 für Jesus heranzieht (Ps 42,6), fragt:

„Warum muß ich trauernd umhergehen, von meinem Feind bedrängt?" (Ps 42, 10).

Der Evangelist Lukas läßt Jesus den 31. Psalm sprechen (In deine Hände lege ich voll Vertrauen meinen Geist: Ps 31,6 = Lk 23,46), wo es heißt:

„Zum Spott bin ich geworden all meinen Feinden, ein Hohn ...:" (Ps 31, 12)

Aber im Munde Jesu findet sich nicht der Ruf nach Vergeltung:

„Scheitern sollen die Frevler, verstummen und hinabfahren ins Reich der Toten" (Ps 31, 18).

In Jesu Schicksal geht die Bitte des Psalmisten in Erfüllung. Er stieg mit der Schuld der „Frevler" beladen hinab in das „Reich des Todes", wie wir im Glaubensbekenntnis sprechen.

5.4 Ich verdiene nicht zu leben
Tod und Auferstehung Jesu (Lk 23,33–34, 39–43)

A. *Als sie aber an den Ort kamen, der „Schädel" genannt wird,
kreuzigten sie ihn dort und die Verbrecher, den einen zur Rechten
und den anderen zur Linken. Jesu aber sprach:„Vater, vergib ihnen,
denn sie wissen nicht, was sie tun."*

Wenn ich mich im „Scheinkönig" wiedererkenne und vor
meine wahre Schuld gebracht werde, dann spüre ich, wie mir der
Boden unter den Füßen weggezogen wird. Mein ganzes Leben
war ja nur Schein und Lüge, Anmaßung und Falschspiel. Ich
habe unter der Herrschaft des inneren Diktators gelebt und das
heißt: ein *anderer* hat mir diktiert, was *Leben* ist.

Als Verbrecher hingerichtet zu werden, erscheint mir von daher gesehen wie eine logische Konsequenz.

Jesus, der für mich diesen Tod auf sich nimmt, ist ja auch den
Verbrechern beigesellt, von ihnen flankiert.

Was mache ich mit einem Leben, das keines ist und wie handle
ich, wenn ich erkenne, daß ich den verraten und an den inneren
Richter verkauft habe, der mir Freund und Bruder sein wollte?

Das Gesicht des Judas taucht vor mir auf:

*„Als er sah, daß Jesu verurteilt war, ergriff ihn Reue und er
brachte die dreißig Silberlinge den Hohenpriestern und Ältesten zurück und sagte:,Ich habe gesündigt, denn ich habe unschuldiges Blut
überliefert!' Die aber sagten:,Was geht das uns an? Sieh du zu!' Da
warf er die Silberlinge in den Tempel, entfernte sich und ging hin
und erhängte sich" (Mt 27,3–5).*

Wohin denn auch mit dem Leben, das durch die Last der
Schuld unerträglich geworden ist?

Wo keine Vergebung in Sicht ist, bleibt nur ein end-gültiger
Akt *meiner* Ichbehauptung: Ich ziehe die Konsequenzen und
ver-nichte mich.

Der Judas in mir will nicht um Gnade und Verzeihung betteln.
Das erscheint ihm feige und kriecherisch. Er möchte so etwas
wie eine letzte Größe noch einmal zeigen, wenn er den aussichts-
losen Weg zuende geht.

Vor die Wahrheit des eigenen Lebens gestellt, zeigt sich die Verzweiflungstat des Judas tatsächliche als eine erschreckende Möglichkeit.

Die andere ist, daß ich die maßlose Wut über diese so tiefe Kränkung meines (vom inneren Khomeini beherrschten) Selbstbildes an den anderen auslasse und sie töte, wie es an Jesu Schicksal deutlich wird:

Als sie das hörten, (nämlich was Jesu zu ihnen sprach), wurden alle in der Synagoge voll Zorn, standen auf, stießen ihn zur Stadt hinaus und führten ihn bis zum Rand des Berges, auf dem ihre Stadt erbaut war, um ihn hinabzustürzen (Lk 4, 28–29).

In der sadistischen Quälerei und Kreuzigung Jesus geht es ja darum, sich an dem zu rächen und den zu beseitigen, der von sich sagte, daß er für die Wahrheit Zeugnis ablege (Joh 18, 37).

Ohne Vergebung, so zeigt sich, kann die Enthüllung des wahren Zustandes unseres Menschseins katastrophale Folgen haben, führt sie zur Zerstörung des Menschen.

Jesus aber spricht noch denen, die ihn töten die Vergebung zu und zeigt sich uns darinnen als der Schuld und Tod Überwindende.

Alles käme darauf an, daß ich mich inmitten der Einsicht in meine Schuld für diese Vergebung *öffnen* könnte:

Einer von den Verbrechern, die da hingen lästerte ihn: „Bist du nicht der Messias? Hilf dir selbst und uns!" Doch der andere wies ihn zurecht und sagte: „Nicht einmal du fürchtest Gott, da du die gleiche Strafe leidest: Wir zwar mit Recht, da wir empfangen, was unsere Taten verdienen, dieser aber hat nichts Unrechtes getan." Und er sagte: „Jesus, gedenke meiner, wenn du in dein Reich kommst!" Und er sprach zu ihm: „Wahrlich ich sage dir: Heute (noch) wirst du mit mir im Paradiese sein" (Lk 23, 39–43).

Der bittere Hohn als Ausdruck der totalen Ausweglosigkeit: Auch er erscheint wie ein vergebliches Aufbäumen des Schuldigen. In Wort und Antwort der beiden Mitgekreuzigten wird uns die entscheidende Alternative noch einmal vor Augen geführt: Entweder ich mißbrauche den anderen zu einem letzten Scheintriumph meiner angemaßten Größe, oder ich übergebe mich *dem*

Anderen in einem Sprung des Vertrauens auf dessen größere Möglichkeiten.

Dann erfahre ich, daß der Gekreuzigte der Auferstandene ist, der mir seine vergebende Gegenwart zuspricht. So, aber nur so, kann sich die tödliche Schuldverfallenheit in ein „Paradies" verwandeln.

Kein „Wunder" von außen, keine spektakuläre Rettungsaktion, die auch der lästernde Schuldige noch insgeheim erhofft, kann das *Leben* retten. Es kann mir nur noch von IHM *heute* neu gegeben werden.

B. Der Mensch, der vor seine wahre Schuld gestellt wird, wenn er sich im Spiegel des Scheinkönigs wiedererkennt, empfindet, daß er kein Lebensrecht mehr hat. Er kommt sich unnütz und wirklich lächerlich vor und sieht von sich her keine Möglichkeit, dem Leben, das er bisher lebte, einen Sinn zu geben.

An diesem Punkt entscheidet sich für jeden Menschen sein Schicksal: Entweder er wendet sich erschreckt wieder von diesem Bild ab und versucht die Wahrheit weiter zu verdrängen, bis er sich im Haß gegen sich selbst und die anderen zerstört; oder er wagt den Sprung und läßt sich von Gott seine Schuld vergeben und von IHM dadurch ein neues Lebensrecht geben. Im Blick auf den therapeutischen Prozeß stellt sich dieses Geschehen jedoch keineswegs als ein klar überschaubares Stück Weg dar, der gradlinig ins Ziel liefe. Im Rückblick schaut man eher auf eine lange Spirale mit immer neuen Windungen, die sich mühsam auf das Licht zubewegt. Es ist ja nicht so, als gäbe der innere Richter, Ankläger und Henker seine Macht so ohne weiteres aus der Hand. Und so zermürbend und peinigend die Schuldgefühle auch sind, die von diesem immer neu wegen der Gesetzesübertretungen gegen das ängstliche Ich geschleudert werden –, unter der Herrschaft dieses Tyrannen war doch die Angst ein Stück weit gebändigt, weil es in der eigenen Kraft lag, durch Gebotserfüllung Schuldspruch und Todesurteil vielleicht doch noch abzuwenden. Die dabei verdrängten Gefühle hatten sich so recht und schlecht auf Schleichwegen und über Kompromisse, vielleicht auch über Zwangssymptome, ein notdürftiges

Lebensrecht verschafft und äußere Erfolge, ein angesammeltes Vermögen und viele „Freunde" ließen den totalitären Charakter des Scheinkönig-tums vergessen.

Die Entdeckung, daß ich unter diesem Regime nicht der sein darf, der ich bin: ein schwacher, mit Fehlbarkeit und Dunkelheiten behafteter Mensch, und daß ich dabei bin, kaputt zu gehen, weil ich mich dauernd überfordere, – diese Entdeckung ist zunächst befreiend. Aber schnell merke ich, daß ich ja dann selbst bisher gar nicht gelebt habe und mit dem Aufstand gegen den inneren Götzen mich selbst und meine ganze Sicherheit zerstöre, die ich mir aufbaute. Ich entdecke, daß ich der Knecht bin, der das eine Talent, das ihm gegeben wurde, aus Angst vor dem „harten Herrn" (Mt 25, 24) vergraben hat und nun vor dem Nichts steht, ja der als „unnützer Knecht" für immer in die Finsternis geworfen wird (Mt 25, 30).

Freilich, diese Einsicht werde ich nur (und *kann* ich auch nur) dann an mich heranlassen, wenn die Botschaft von der vergebenden Liebe des Vaters schon mein Herz berührt hat, auch wenn es noch mit Panzern der Abwehr und des Mißtrauens bedeckt ist.

Eine Psychotherapie, die den Menschen von seinen falschen Schuldgefühlen befreit, um ihm dann ohnmächtig vor seiner tiefen Lebensschuld stehen zu lassen, ist letztlich unverantwortlich. Sie ist aber auch unmenschlich, wenn sie die Schuld als solche als krankhaften „Komplex" betrachtet und erwartet, daß der Mensch zu sich findet, wenn er vom Schuldgefühl befreit ist. Von daher gesehen vermag erst eine christlich orientierte Psychotherapie den Menschen ganz ernst zu nehmen: In seiner Krankheit ebenso wie in seinem Heilungswillen.

Nur in dem Maß, wie dem Klienten vom Therapeuten etwas von der vergebenden Liebe Gottes ver-mittelt werden kann, wenn er mit diesem durch das Tal der Tränen, das Rote Meer oder die endlose Wüste wandert, kann es der Klient wagen, die trügerischen Sicherheiten seiner „Neurose" – d. h.: seiner Entfremdung unter dem tyrannischen Überich – aufzugeben und Neuland zu betreten.

Aber auch der Therapeut kann nicht von sich her eine neue Sicherheit statt der bisherigen anbieten. Das wäre Anmaßung und Hochstapelei. Er kann dieses Angebot verstehenden Ja-sagens zum Klienten nur machen, weil er weiß und vertraut, daß Jesus Christus das *Ja* Gottes zum Menschen ist, das durch keine Schuld zerbrechen kann. Denn Jesus hat die Schuld, die zur Verwerfung in der Finsternis führt, auf sich genommen und den Weg durch die Dunkelheit der Schuld zur Chance für ein neues Leben gemacht.

Solche Einsichten können in einer Therapie aufblitzen, um dann wieder meterweit in Gefühlen von Ohnmacht und Zweifeln vergraben zu werden. Dem Erlebnis der Befreiung vom inneren Diktator, in dem man glaubt, Bäume ausreißen zu können, folgen Stunden, Tage, Monate, in denen das Gefängnis wieder fest verschlossen scheint und kaum ein Lichtstrahl durch die Gitter fällt.

Daß es trotzdem immer wieder weiter geht, daß zumindest das Gefühl des totalen Ausgeliefertseins ein Stück weit besiegt und die Hoffnung auf das *Leben* trotz aller Rückschläge nicht stirbt, das ist das erstaunlichste Wunder im Prozeß der Therapie.

Ohne dieses Licht der Vergebung im Dunkel meiner Schuld erblickt zu haben, bin ich unfähig, *meinen* Schuldigern zu vergeben und die Wunden heilen zu lassen, die sie mir geschlagen haben. Vergebung zu empfangen ist aber nach Jesu Wort ausdrücklich an meine Vergebungsbereitschaft gebunden: Ich darf dieses Geschenk nicht für mich behalten, wenn ich seine Wirkungen in mir sich entfalten lassen will.

Solange ich aber die Mühe scheue, den Schutt wegzuräumen, der den Zugang zur Herzenskammer, dem Ort der Wandlung, versperrt, wird die Lebenswanderung nicht ein Weg zur menschlichen Reife, sondern zum bitteren Selbstbetrug sein. Was die Volksweisheit im Märchen von „Frau Holle" erzählt, hat eine Klientin, die ihrer Mutter vergeben will, in einem eindrucksvollen Traum so gestaltet:

„Wir sind in einer vorgebirgigen Landschaft: Steil aufsteigende Wiesenhänge, schmaler Saumpfad, hohe Berge zur rechten Seite ... Nun muß ich zu einer Stelle, um aus einem aufgeschichteten Hügel gebrannte Steine wegzuräumen. Stetig trage ich die Steine ab, große und kleine ... Nun sehe ich, daß der Hügel wie ein Backofen aus-

sieht ... Gerade denke ich, nun sei es genug mit dem Wegräumen der
Steine, da sagt die Frau, die nun neben mir steht, es müßten noch
einige Steine weggeräumt werden. Sie hilft mir dabei.

Plötzlich erblickte ich tief im Inneren des Backofens ein kleines
Feuerchen brennen. Ich beuge mich so nahe wie möglich zum Back-
ofen hin und so weit es geht mit dem Kopf zur Öffnung. Das Feuer-
chen brennt stetig, hell und warm. Es ist mir, als brenne es dort in der
Tiefe schon immer und wird auch stets weiterbrennen. Eine geheim-
nisvolle Kraft geht von ihm aus."

Wir haben Gott beide von Herzen für diesen Traum gedankt,
der die tiefste Wahrheit unserer Seele in einem so eindrucksvollen Bild vor Augen stellt. Ja wirklich, ohne das nie verlöschende
Feuer, das die großen Mystiker den „Seelenfunken" nannten,
wäre jede Psychotherapie aussichtslos. Und ich selbst spüre, daß
eine lebendige Beziehung zum einzigen Arzt und Therapeuten
der Seele, Jesus Christus, immer wieder neu die Grundlage meiner Arbeit sein muß.

Zitierte Literatur

Biser E., Der Helfer. Eine Vergegenwärtigung Jesu, München 1973.

Böhringer H., Innere Heilung, in: Erneuerung in Kirche und Gesellschaft H. 3/1978, S. 23–25.

–, Wie betet man Gott ‚im Geist und in der Wahrheit‘ an? Wie kommt man aus den Selbsttäuschungen zur Wahrheit über sich selbst?, in: Erneuerung, H. 21/1984, S. 24–26.

Drewermann E., Strukturen des Bösen. Die jahwistische Urgeschichte in exegetischer, psychoanalytischer und philosophischer Sicht, Bde 1–3, Paderborn 1977–78.

Hark H., Der Traum als Gottes vergessene Sprache, Olten/Freiburg 1982.

Helfer R. E.(Kempe C. H., Das geschlagene Kind, Frankfurt 1978 (stw 247).

Herzog-Dürck J., Grundströmungen der Lebensangst. Probleme menschlicher Reifung in der personalen Psychotherapie, München 1984.

Jaschke H., Das Böse in der Erziehung, Düsseldorf 1974 (Topos Tb 24).

–, Gib mir deine Fesseln, München 1983.

–, Und nahm sie in seine Arme. Eine Theologie für Kinder in Geschichten, Bde 1–2, München 1984–85.

Künkel F., Die Arbeit am Charakter, Konstanz 1974.

de Mause L., Über die Geschichte der Kindheit, Frankfurt 1979.

Mehr M., steinzeit, Bern ³1982.

Moser T., Gottesvergiftung, Frankfurt ³1977.

Oraison M., Zwischen Angst und Illusion. Christliche Existenz in tiefenpsychologischer Sicht, Freiburg – Basel – Wien 1960.

Pieper J., Glück und Kontemplation, München ³1962.

Unterste H., Theologische Aspekte der Tiefenpsychologie von C. G. Jung, Düsseldorf 1977.

Weilner J., Johannes Taulers Bekehrungsweg, Regensburg 1961.

Wolff H., Jesus als Psychotherapeut. Jesu Menschenbehandlung als Modell moderner Psychotherapie, Stuttgart 1978.

Adresse des Verfassers:
Amselweg 3
7500 Karlsruhe 31